Richard Lauxmann

Weinsberg im Munde der Dichter und Sänger

Weinsberg mit Weibertreu – Radierung von Heinrich Seufferheld

Inhaltsorientierung

Einleitung

I. Von Beheim bis zum Kernerhaus

II. Weinsberg im Bauernkrieg

III. Die treuen Frauen

Anhang

Weinsberg
im Munde
der Dichter und Sänger

von
Richard Lauxmann
1864-1939

Nach der 2. Auflage (ca. 1930) des Autors
neu eingerichtet und herausgegeben
von Hans Richard Lauxmann
Tübingen 2005

Bibliografische Information der Deutschen Bibliothek:
Die Deutsche Bibliothek verzeichnet diese Publikation in der
Deutschen Nationalbibliografie; detaillierte bibliografische
Daten sind im Internet über <http://dnb.ddb.de> abrufbar.

Bild auf der vorderen Umschlagsseite nach einer Zeichnung
von Theodor Lauxmann, 1868-1920, dem Bruder des Autors.

Herstellung und Verlag: Books on Demand GmbH, Norderstedt
ISBN 3-8334-3669-7

Durch treue Weiber, Wein und Sang
hat Weinsberg seinen guten Klang –

So heißt es in dem bekannten Verse der alljährlich auf Tausenden von Ansichtspostkarten in alle Lande hinausgetragen, hinausgerufen wird. Über das erste mögen Bürger und Bewohner von Weinsberg, über das zweite Sachverständige und Gäste urteilen; das dritte lege ich den Ausführungen dieses Büchleins zugrunde: den Sang. Ich meine da nicht den Sang, der ja wohl auch in Weinsberg fleißig geübt wird, wenn frohe Gesellen, Einheimische oder Fremde, zusammensitzen, sei's in der „Traube" oder im „Rebstock" oder sonstwo, und bei einem Glas unverfälschten Weinsberger mit
Justinus K e r n e r anstimmen:

Wohlauf noch getrunken den funkelnden Wein!

Von „*Weinsberg* im Munde der Dichter und Sänger" möchte ich erzählen.

Es wird wohl wenige Städte und Stätten in deutschen Landen geben, welchen so oft und so mannigfaltig in älterer und neuerer Zeit im Liede gehuldigt wurde, wie Weinsberg und seiner Weibertreu.

Ludwig U h l a n d nennt mit Recht Weinsberg

... die gepriesene Stadt,
die von dem Wein den Namen hat,
wo Lieder klingen, schön und neu,
und wo die Burg heißt Weibertreu. –

Und wie viele Lieder aller Art sind schon von Weinsberg, der Dichterstadt, ins Land hinausgezogen! Ich erinnere nur an das eine: „Preisend mit viel schönen Reden!" von Justinus Kerner. Auch im Hinblick auf diese beiden Tatsachen gilt das Wort, mit welchem der selige Dekan D i l l e n i u s seine verdienstvolle Chronik der Stadt einleitet:

Weinsberg ist unstreitig einer der interessantesten Punkte unseres
württembergischen Vaterlandes.

Ja, noch mehr: Weinsberg ist weltbekannt und weltberühmt, und seine Weibertreu ist zum Sprichwort geworden. [1]

1. Wohlauf, noch getrunken
   Den funkelnden Wein!
   Ade nun, ihr Lieben!
   Geschieden muss sein.
   | : Ade nun, ihr Berge,
   Du väterlich Haus,
   Es treibt in die Ferne
   Mich mächtig hinaus, :|
   Hinaus.

4. Da grüßen ihn Vögel,
   Bekannt überm Meer,
   Sie flogen von Fluren
   Der Heimat hierher;
   | : Da duften die Blumen
   Vertraulich um ihn,
   Sie trieben vom Lande
   Die Lüfte dahin, :|
   Dahin.

2. Die Sonne, sie bleibet
   Am Himmel nicht steh'n:
   Es treibt sie durch Länder
   Und Meere zu geh'n.
   | : Die Woge nicht hastet
   Am einsamen Strand,
   Die Stürme sie brausen
   Mit Macht durch das Land, :|
   Das Land.

3. Mit eilenden Wogen
   Der Vogel dort zieht
   Und singt in der Ferne
   Ein heimatlich Lied.
   | : So treibt es den Burschen
   Durch Wald und durch Feld
   Zu gleichen der Mutter,
   Der wandernden Welt. :|
   Der Welt.

5. Die Vögel, die kennen
   Sein väterlich Haus.
   Die Blumen einst pflanzt' er
   Der Liebe zum Strauß;
   | : Und Liebe die folgt ihm,
   Sie geht ihm zur Hand:
   So wird ihm zur Heimat
   Das fernste Land :|
   Das Land.

Refrain: | : Juvivallera, juvivallera, Juvivallerallerallera. :|

Siehe Anmerkung 2

I.

Schon vor siebenhundert Jahren ließ der Priester K o n r a d [3] über das herrliche Westportal der Weinsberger Kirche als eine beständige Predigt an die Weinsberger Gemeinde den Vers schreiben:

O qui terrenis inhias homo desipuisti!
His quid in obscenis gaudes? Cole numina Christi! –

zu deutsch:

Sinnlos bist du, o Mensch,
wenn du hängst am irdischen Staube!
Was begehrst du den Schmutz?
Christus erfülle dein Herz!

Michael B e h e i m [4], der bekannte deutsche Dichter, saß 1439-1448 als Kriegsmann auf der Burg Weinsberg. Dort sang er seine innigen Marienlieder. Gewiss hat er die herrliche Natur um Weinsberg im Auge in dem Liede:

Michael Beheim
„ Von des meien zird und der welt zergenclichceit" [5]
(in der Hofweis zu singen)

Mein Herz wart mir erfrait
durch des meien pegunne.
Und durch des summers wunne
in der lieplichen zeit ... !

arge winter schnöd
hat uns daz alls zerstöret
mit seiner kelt erfröret
mit reiffen, eis und schne.
Das grün gras und den cle

all plumen, veiol, rosen,
Peid lilgen und zeitlosen
hot er gemachet val.
Kal so sten überal
*die pom *), clein unde gross;*
Der walt stet labeslos
die zarten nahtegallen
die hört man nümmen
             schallen,
sie lept in leid und trauer

Der Gelehrte E r a s m u s v o n R o t t e r d a m nennt in einem Briefe an den Weinsberger Reformator Oekolampadius Weinsberg *„ein Paradies"*.

----

*) *Bäume*

Rentkammersekretarius Ö s t e r l e n führt dieses „Paradies" in seiner gereimten „Chronika" im Jahre 1758 [6] weiter aus:

... „Weinsberg ist übrigens besonders situiert,
ein Teil liegt in der Höh' der andre im Tal.
Der schöne Schlossberg hier die ganze Gegend zieret,
Reb-Länder sieht man auch in nicht geringer Zahl.

Der prächtig Schemelsberg hat hier die sondre Ehre,
dass man von dessen Wein nach Engelland verschickt;
Den Fremden ist's gesagt zu einer guten Lehre:
dass dieser edle Wein viel Fürsten hat erquickt.

Man kann vom Schemelsberg weit in die Ferne sehen;
dort liegt die untre Pfalz, seitwärts das Frankenland;
Da sieht man Fruchtbarkeit in Tälern und auf Höhen,
die mancher Reisender in Teutschland selten fand.

Die Luft ist hier sehr gut, die Probe liegt am Tage,
man sieht viel alte Leut in hiesiger Gemeind,
Was ich des Wassers halb hier mit der Wahrheit sage,
ist, dass in dieser Stadt der Bronnen wenig seynd.

Viel Segen hat Gott auch schon manchmal ausgegossen
auf diese Stadt, da er den Weinwachs benedeit;
Der alte Unfall ist nun mit der Zeit verflossen,
Gott geb nur wiederum, was unsre Stadt erfreut!

Es lebe Herzog Carl, in dero liebsten Händen,
Weinsberg bishero blüht, bei viel und wahrem Wohl;
Gott schütz den Fürsten stets und lass an allen Enden
sich dero Ruhm erhöhn bis an der Sternen Pol!

Der Dichter bekam für sein Poem „pro discretione" ein „Duceur" von 5 fl aus der Stadtpflege. Das blüht nicht allen Weinsberger Dichtern!

Auch auswärts wird Weinsberg immer bekannter.
Gottfried B ü r g e r fragt zwar noch im Bänkelsängerton im Jahre 1774:

Wer sagt mir an, wo Weinsberg liegt,
Soll sein ein wack'res Städtchen ...

G o e t h e dagegen nimmt es ernst, wie er im Jahre 1797 auf einer Reise in die Schweiz nach Heilbronn kommt. Er schreibt am 28. August:

Abends um 6 Uhr fuhr ich mit dem Bruder des Wirts (zur „Sonne") auf den Wartberg. In dem Hinfahren sah ich auch Weinsberg liegen, nach dem man wohl, wie Bürger tut, fragen muss, da es sehr zwischen Hügel hineingedrückt ist am Fuß des Berges, auf dem das durch Frauentreue berühmte, jetzt zerstörte Schloss liegt, dessen Ruinen ich denn auch wie billig begrüßt habe. Auch hier ist man mit der Ernte sehr zufrieden. Sie kam wie überall sehr lebhaft hintereinander, so dass die Winterfrüchte zugleich mit den Sommerfrüchten reif wurden. Der Feldbau ist auch hier in drei Jahresabteilungen eingeteilt, obgleich kein Feld brachliegt, sondern im dritten Jahre mit Hafer bestellt wird. Außerdem benützt ein jeder, insofern er es mit der Düngung zwingen kann, seinen Boden in der Zwischenzeit, wie es angeht, zum Beispiel mit Sommerrüben...

S c h i l l e r erwähnt Weinsberg nicht. Ob er bei seinem Besuch in der alten Heimat im Jahre 1793, während eines Aufenthalts in Heilbronn, das Gebiet der Reichsstadt verlassen und Weinsberg aufgesucht hat, ist nicht festzustellen. Doch rühmt Schiller sehr das folgende Gedicht M a t t h i s s o n s :

Der Vollmond schwebt im Osten;
am alten Geisterturm
Flimmt bläulich im bemoosten
Gestein der Feuerwurm. –

Theodor K ö r n e r , der Sänger der deutschen Freiheitskriege, der offenbar Weinsberg nicht aus persönlicher Anschauung kannte, dichtete uns den Vers:

Weinsberg prangt auf steilen Felsenhöhen
als ein Vermächtnis der Vergangenheit.
Durch seine Mauern flüstert Geisterwehen
wie stille Laute einer bessern Zeit.
Und wo hinaus die trunknen Blicke sehen,
hat die Natur den Brautschmuck ausgestreut –

Frida K ä c h e l e , Weinsberg, fand herzliche Worte. Ihr verdanken ihre Mitbürger so manchen schwungvollen Prolog bei festlichen Gelegenheiten:

Weinsberg, wie ich dich liebe,
Mein Heimatstädtchen traut,
Ob auch die Zeiten trübe,
Geschmückt wie eine Braut
Stehst du im Blütenmeere,
Bestrahlt von Sonnenschein!
Mein Weinsberg, meine Liebe,
Mein bist du und ich dein! – (1929)

Keiner aber hat als Weinsberger diesen Brautschmuck schöner besungen als unser Justinus K e r n e r . Gleich bei seinem Aufzug in Weinsberg im Jahre 1819 schrieb er von seiner neuen Heimat:

Ein gesegnetes Tal voller Berge und Reben war vor uns ausgebreitet, und im Hintergrund erschien ein hoher lachender Rebenhügel mit einer Burg. Da hört ich eine Stimme rufen: Sieh da die Burg der Frauentreue! –

Und nun sang er in den dreiundvierzig Jahren seines Weinsberger Aufenthalts ein herrliches Lied um das andere auch auf sein geliebtes Weinsberg und seine Weibertreu. Es würde den Rahmen dieses Büchleins weit überschreiten, wenn ich auch nur die schönsten unter seinen Liedern anführen und würdigen wollte. Sie sind Gemeingut des deutschen Volkes geworden [7]. Die meisten sind von Weinsberg ausgegangen; welche unter ihnen sich gerade auf Weinsberg selbst beziehen, wird schwer zu sagen sein. Ich nenne unter anderem: Die Erinnerung an den Maler G a n g l o f f , das Lied vom lustigen Geiger, das Lied vom Fass und seinen Reifen, Sängergruß, Rebenträne, Rebenblüte, Mondnacht und natürlich das Lied vom „funkelnden Wein". [8]

Als Probe diene das Gedicht „Die Stiftung von Lichtenstern":

Justinus K e r n e r
"Die Stiftung von Lichtenstern"

Zu Weinsberg steht ein Hügel, der grauer Vorzeit Trümmer trägt,
In denen Westhauchs Flügel in stiller Nacht die Harfe schlägt.

Hörst du das fremde Klingen vom Berge durch die Rebenflur,
Fragst du: woher dies Singen? Singt ihren Kummer die Natur?

Ich Armer, halb erblindet, saß jüngst dort auf bemoostem Stein;
Da hat der Klang entzündet im Innern mir den hellsten Schein.

Ja, dank dem Traumgesichte, so mir die äußre Nacht zerstreut,
In mir im hellsten Lichte steht dieses Berges alte Zeit.

Da ragen hohe Türme, da steht ein langes Ritterhaus,
Ringmauern, fels'ge Schirme, die blicken stolz das Tal hinaus.

Da reiten kühne Ritter durchs Eisentor im Kleid von Stahl,
Doch aus Verlieses Gitter statt Harfenlaut tönt Laut der Qual.

Und in der Burgkapelle, da kniet in tiefer Finsternis,
Beraubt der Augenhelle die fromme Gräfin Luitgardis.

Sie spricht, und Tränen flossen:
„Bekränzt hat heut mein Kind dein Bild
Mit Lilien und Rosen, o Mutter Gottes, reich und mild!
Nur einmal noch lass sehen den Gatten mich, das süße Kind;
Dann werd' ich, soll's geschehen nach Gottes Rat, gern wieder
blind. "

Lang fleht sie so in Nächten, bis draußen auch erstirbt das Licht;
Als plötzlich ihr zur Rechten Maria strahlend steht und spricht:

„O Menschenleid, hast Grenzen! Dir werde mehr, als du gefleht!
Blick auf! und sieh erglänzen den Stern, der licht gen morgen steht! "

Das Fenster der Kapelle aufwehet Paradiesesduft;
Aufblickt die Gräfin helle und sieht den Stern in blauer Luft.

Sieht hoch aus goldnen Lüften die Mutter Gottes lächeln mild;
Ein wonnesüßes Düften ringsum das Rebental erfüllt.

Des Dankes Tränen flossen aus Augen klar, nie wieder blind,
Auf des Altares Rosen, und die der Lust auf Mann und Kind.

Und dort, wo sie erschaute den lichten Stern, am Walde fern,
Ein Kloster sie erbaute, das hieß zum Dank sie: L i c h t e n s t e r n .

Und hier ist noch eines der schönsten Lieder von
Justinus K e r n e r :

In der Mondnacht [9]

Lass dich belauschen,
du stille Nacht!
Nur Wasser rauschen,
nur Liebe wacht;

Der Vogel schweiget,
der Mond entwich,
Zur Blume neiget
die Blume sich.

Vom Walde drüben
tönt süßer Schall,
Es singt von Lieben
die Nachtigall.

Der Liebe Fülle
durchströmt die Flur,
In Nacht und Stille
singt die Natur.

In des Vaters Fußstapfen trat der Sohn
Theobald K e r n e r (1817- 1907)

Der Arzt und Nachfolger seines Vaters, der treue Hüter des Kerner-
hauses und seiner Erinnerungen. Auch ihm verdanken wir manches
Lied auf Weinsberg [10]. Ob er nun gewaltigen „Gewittersturm" schil-
dert oder den „Regenbogen" über Weinsbergs Flur, die Gedanken des
„Turmhahns" oder die Berichte des „Burggeists". Das Lied vom
„Klopferle"   fand   ansprechende   Vertonung   durch   Meister
W a l l b a c h [11].
Im Kranz der Weinsberger Lieder darf nicht fehlen:

Theobald Kerner:
Die Sage von der treuen Rebe

Mit kurzen Worten will ich euch berichten,
Was sich in Weinsberg jüngst hat zugetragen;
Ob Dichtung oder Wahrheit, mögt ihr schlichten.

Es lebte dort zufrieden ohne Klagen
Ein armes Bäuerlein einfacher Sitte,
Sein ganzes Leben war nur Müh und Plagen.

Oft dämmerte es kaum in seiner Hütte,
Da sah man ihn, die Schaufel auf dem Rücken,
Zu seinem Weinberg lenken schon die Schritte.

12

Hier fühlt er nimmer seiner Armut Drücken,
Er pflegte seine Lieblinge, die Reben,
In stiller Hoffnung, dass der Herbst mög' glücken.

In ihrem Wachsen, Blüh'n lag ihm sein Leben,
Er hoffte, bangte, bis der Herbst erschienen,
Dann hat den Wein er Reicheren gegeben.

„Das bisschen Geld mög' einst den Kindern dienen!"
Er aber ging zu seinen Reben wieder,
Und neues Leben lebt' er fort mit ihnen.

So schwanden seine Jahre fromm und bieder;
Da ist er einst zum Weinberg nicht gekommen –
Bald ruhten in der Erde seine Glieder.

Und eine Rebe hat der Sohn genommen
Aus jenem Weinberg und als Liebesspende
Hat er gepflanzt sie auf das Grab beklommen.

Sie wuchs heran, doch schienen fremde Hände
Was bald dem Sohn gar seltsam aufgefallen –
Sie zu verpflegen Tag und Nacht ohn Ende.

Er mochte noch so früh zum Grabe wallen,
Den kleinsten Dienst auch fand er schon geschehen,
Und niemand tat es von den Fremden allen.

Ging er hinaus, ob nicht des Windes Wehen
Die Rebe nachts vom Pfahl gerissen habe,
Fand er sie schon neu angebunden stehen.

Und so empfing sie jede Liebesgabe
Und wuchs gar freudig; sieh, da ist gekommen
Der Totengräber einst zum Sohn am Grabe.

Und sprach zu ihm: „O hättet ihr genommen
Aus eurem Weinberg doch der Reben keine,
Die unglücksel'ge stört die Ruh' des Frommen.

Schon öfters sah ich, seit gepflanzt hier eine,
Wenn ich noch spät ein Grab grub, wie im Leben
Bei ihr den Vater stehen im Mondenscheine."

Da wollt' der Sohn dem Vater Ruhe geben,
Und riss sie aus dem Grab mit inner'm Bangen,
Pflanzt' sie im Weinberg zu den andern Reben.

Doch als er wieder einst dahingegangen,
O weh! da sah er sie in Tränen stehen.
Und ihre Blätter welk herniederhangen. –

Der Geist wird seitdem nimmermehr gesehen.

Bild 2: Ludwig Uhland und Justinus Kerner (Zeichnung von Theodor Schütz)

GELEGENHEITSGEDICHTE

Auch sonst wurde zu allen Zeiten in Weinsberg gedichtet und gesungen und der bald mehr, bald weniger willige Pegasus bestiegen. Eine Menge Gelegenheitsgedichte standen im Lauf der Jahre in der „Weinsberger Zeitung", andere auf Flugblättern [13] (zum Beispiel „Neckaresel"). Bald waren's Begrüßungs– bald Abschiedsgedichte, oder behandelten sie sonst einen Gegenstand von lokalem Interesse.

So habe einmal einer im Biedermeierton angefangen:

Ach Gott, ihr lieben Weinsbergleut,
Es ist ein' wahre Seelenfreud, ja Seelenfreud,
Wie ihr so einige lebet!

Und ein anderer besang die Weinbauschule, ihre Lehrer und Zöglinge und sagte dabei unter anderem:

Wenn man die neue Anstalt schaut
So prächtig, sinnig aufgebaut,
Soll sprechen man ein Dankgebet
Für unsers Königs Majestät,
Durch welchen dieses Werk entstanden,
Wo viele schon Belehrung fanden.

Auch an einen trefflichen Trinkspruch im Urbanus-Verein sei erinnert:

Dem Mann, der seinen Weinberg baut,
Und hellen Blicks ins Leben schaut,
Dem Mann, der nicht verliert den Mut,
Trotz Sturm und Blitz und Regenflut,
Der trotz der Zeiten schwerem Druck
Den Kopf hoch hält: dem gilt mein Schluck!

Viele finden sich auch im Fremdenbuch der Weibertreu. „E.F.G." (Gauß)-Chikago schrieb hinein:

Wo Schiller, Schwab und Uhland einst gelebt,
da müssen Stümper sich nicht nennen,
jedoch der Geist hilft, dass man weiter strebt:
Auch kleine Lämplein dürfen brennen.

Justinus K e r n e r selbst hat Gelegenheitsgedichte geschrieben. So
hat er in stürmischen Zeiten, im Jahre 1848, von der Rathausstaffel
aus den versammelten Wählern zugerufen:

Nicht Doktors, nicht gelehrte Geister,
*Wir wählen diesen Schlossermeister; *)*
Er schwing die Hämmer klein und groß,
Schlag rüstig Deutschlands Fesseln los!

Bild 3: Das Kernerhaus in Weinsberg (nach einer alten Zeichnung)

DAS KERNERHAUS UND SEINE GÄSTE

Das beste ist aber in frührer Zeit doch vom Kernerhause ausgegan-
gen. August Holder sagt von Justinus Kerner: „Mit ihm und durch
ihn ist das Städtchen im wesentlichen das heutige Weinsberg gewor-
den." Weinsberg und Kerner, Weibertreu und Kernerhaus gehören
zusammen.

----

*) <u>Anmerkung des Herausgebers:</u> Der Schlossermeister Johann Ferdinand Nägele (1808-
1879) aus Murrhardt war der einzige Handwerker im Paulskirchenparlament zu Frankfurt. Er
ist der Vater von Prof. Eugen Nägele (1856-1937), Tübingen, der als „Albvereins-Nägele"
bekannt wurde. Dessen Neffe, der Enkel des o. g. Schlossers, Reinhold Nägele (1884—1972)
war ein noch heute geschätzter Kunstmaler. Auch dessen Sohn, Thomas Naegele (* 1924),
ist Kunstmaler wie sein Vater und lebt heute in New York.

16

Als der Dichter sich 1822 das Haus erbaute, schrieb er in die Grund-
steinurkunde:

*Dieses Haus ward mit Gott erbaut von Justinus Kerner, dem Arz-
te, der auch Lieder sang, und seiner Hausfrau Friederike zur Zeit
da man schrieb 1822, als des Himmels Gestirne wärmend wie
kaum je schauten auf Berg und Thal, aber Europas Beherrscher
abgewandt von den Sternen des Himmels eiskalt stunden und zu-
schauten dem teuflischen Morde von Hellas.*

T h e o b a l d   K e r n e r erzählt in dem Gedicht
„Am alten Nussbaum":

... Bald zu Fuß und bald zu Wagen
- Eisenbahnen gabs noch keine –
War ein Wallen und ein Wandern
Wie zu einem Gnadenorte
Nach dem kleinen Weinsberg hin.
Und vor allem waren's Dichter,
Die magnetisch angezogen
Oft aus weiter Ferne kamen
Und sich wohl und heimisch fühlten,
Gleichwie Bienen in dem Korbe,
In dem Hause meines Vaters.
Einige der Dichter nenn ich:
Uhland, Mayer, Schwab, Pfau, Fischer,
Mörike, Brentano, Arnim,
Alexander, Lenau, Geibel,
Freiligrath, Kurz, Moser, Leuthold,
Löben, Frankl, Fouqué, Pfizer,
Meißner, Gaudy, Hauff, Alexis,
Schücking, Arthur Schott, Max Waldau
Bechstein, Rotter, Wolfgang Müller,
Moritz Hartmann, Ludwig Seeger,
Kobell, Dingelstedt und Duller,
Gerok, Walesrode, Fröhlich,
Tanner, Pyrker und Chamisso,
Rückert, Grün, Thiek, Matthison usw.

FRIEDERIKE HAUFFE – DIE SEHERIN VON PREVORST

Unter den zahllosen Gästen des Kernerhauses steht mit an erster Stelle die edle „S e h e r i n v o n P r e v o r s t “: Frau Friederike H a u f f e , geb. Wanner, welche aus dem nahen Walddörfchen Prevorst (= Brechforst) stammte und in den Jahren 1826-1829 im Hause des Oberamtsarztes zur ärztlichen Behandlung weilte.

David Friedrich S t r a u ß schreibt über die „Seherin von Prevorst“:

Das leidensvolle, aber edel und zart gebildete Gesicht von himmlischer Verklärung übergossen, die Sprache das reinste Deutsch, der Vortrag sanft, langsam, feierlich, musikalisch, fast wie ein Recitativ, der Inhalt überschwängliche Gefühle, die bald wie lichte, bald wie dunkle Wolken über die Seele zogen und wieder zerflossen; bald stärkere, bald sanftere Luftzüge durch die Saiten einer Äolsharfe, Unterhaltungen mit oder über selige oder unselige Geister mit einer Wahrheit durchgeführt, dass wir nicht zweifeln konnten, hier wirklich eine Seherin, teilhaftig des Verkehrs mit einer höheren Welt, vor uns zu haben.

Dr. d u P r e l , München, sagt von der Seherin:

Aus ihren Augen ging ein ganz eigenes geistiges Licht, das jedem, der sie auch nur kurz sah, sogleich auffiel, und sie selbst war in jeder Beziehung mehr Geist als Mensch. Ihr Körper umgab den Geist nur noch wie ein Flor. Sie war eine Lichtblume, die nur noch von Strahlen lebte.

Frau Hauffe starb 28 Jahre alt in Löwenstein bei ihrem Großvater Schmidgall. An ihrem Grab, dessen vergoldetes Kreuz weithin ins Land leuchtet, fand an ihrem 100 jährigen Todestag, am 5. August 1929, eine eindrucksvolle Gedächtnisfeier statt.

Eines ihrer innigen Gebete [14] lautet:

Bild 4: Friederike Hauffe (aus dem Skizzenbuch von Gabriel Max)

Vater, erhöre mich!
Erhöre mein Beten und Flehen!
Vater, ich rufe zu dir,
Lasse dein Kind nicht vergehen!
Sieh meinen Schmerz,
Meine Tränen;
Flöße mir Hoffnung ins Herz:
Stille mein Sehnen!
Vater, ich rufe zu dir,
Habe Erbarmen!
Nehme doch etwas von mir,
Der Kranken, der Armen.
Vater, ich lasse dich nicht,
Wenn auch Krankheit
und Schmerz mich verzehren,
Wenn ich des Frühlings Licht
Seh' nur im Nebel der Zähren
Vater, ich lasse dich nicht! –

GEISTER IM KERNERHAUS

Im Kernerhaus und seiner Umgebung soll es auch sonst immer wieder gegeistert haben.

Emanuel G e i b e l hat dort Geister gesehen.

Graf A l e x a n d e r v o n W ü r t t e m b e r g
hat im Alexanderhäuschen einige seiner Werke geschrieben.

Nikolaus L e n a u hat im Faustturm einen großen Teil seines „Faust" gedichtet.

Die andern Geister und Geistergeschichten Weinsbergs erwähne ich nur.

 Justinus K e r n e r selbst schreibt:

Flüchtig leb' ich durchs Gedicht,
Durch Arztes Kunst nur flüchtig;
Nur wenn man von Geistern spricht,
Denkt man mein noch und – schimpft tüchtig!

Dichter, Freunde und Gäste des Kernerhauses haben vom Besten, das sie hatten, Gaben des Dankes dem Kernerhause und seinen Bewohnern [15] und besonders der Weibertreu zu Füßen gelegt. Aus dem reichen Kranze einige Blüten:

Ludwig P f a u :
„Die Weibertreu zu Weinsberg"

In des Schwabenlandes Gauen,
Aus der Auen lichtem Glanze
Steiget frei ein schöner Berg
In der Rebe duft'gem Kranze.

Gleichwie eine Mauerkrone
Auf dem Haupte trägt er oben
Einer Burg versunkne Pracht,
Von Akazien überwoben.

Und ein Turm, der viel gesehen,
Schauet stumm und kahl hernieder;
Aber nächtlich um ihn her
Säuseln dumpfe Heldenlieder.

*Seufzer ziehn und Harfentöne
Dort, wie irrende Gedanken,
Dass im Mondlicht die erschrocknen
Zweige auf- und niederwanken.*

*Doch allmählich kehrt die Nacht,
Wo die Burg sich neu belebet,
Wo der längst versunknen Gruft
manches Heldenbild entschwebet.*

*Wo die Mauern, wo die Türme
Kühn sich in die Wolken bauen,
Und in ihrer alten Pracht
In das Tal herniederschauen.*

*Wo die Frau'n von Liebe stark
Ums gewölbte Tor sich scharen
Und mit ihrer teuren Last
Zieh'n die Burg hinab in Paaren.*

*Und am Fuß der Weibertreu
Steht ein Haus mit grünen Matten;
Wie ein Kind in Schutzgeists Hut
Ruht es in des Berges Schatten.*

*Noch ein Turm aus alter Zeit
In des Hauses Garten stehet,
Draus gar manches duft'ge Lied
Grüßend zur Ruine wehet.*

*Und die Geister ziehn herab,
Hören wohlbekannte Klänge,
Wie aus ihrer Jugendzeit
Längst verklung'ne Minnesänge.*

*Leise tanzen sie ums Haus,
Grüßen ihren biedern Dichter,
Ihren alten Geisterfreund,
Bis verglüh'n der Sterne Lichter.*

*Horch, schon hat der Hahn gekräht,
Und die Morgenlüfte wehen;
Da zerstäubt der leichte Schwarm,
Den nur Sonntagskinder sehen.*

Julius S t u r m erzählt in seinen Lebenserinnerungen:

Justinus Kerner, den ich öfter besuchte, war ein wohlbeleibter Herr, auf der einen Seite dem Schmerz, auf der anderen Seite dem lachenden Humor huldigend. Im Garten, nicht fern dem Hause, stand ein alter Turm, in dem einst der Graf von Helfenstein von den Bauern gefangen gehalten wurde. Im unteren Teil des Turmes hatte Kerner ein Stübchen herrichten lassen, und hier hat Lenau einen Teil seines „Faust" gedichtet. Kerner erzählte mir, dass er eines Tages, mit Uhland auf dem Turm stehend, zu dem erstaunten Dichter gesagt habe: „Uhland, dich müsse mr da unte auf a halbs Jahr einsperre, dann werst du scho' wieder singe lerne!"

WEITERE DICHTERSTIMMEN ZUM KERNERHAUS

Gustav P f i z e r :

O teurer Schattenspieler [16]
Es spricht der Dank so Vieler
Zu dir aus meinem Lied!
Wer ist, der nicht berühret
Vom Hauch, den er verspüret,
Aus deinem Hause schied?
Der nicht aus neuen Zeichen
Den Geist, den ewig reichen,
Der Welt und Herz bewegt, erriet? –

Julius K r a i s beginnt sein Lied "An Justinus Kerner":

In Weinsbergs grünen Auen, so zauberhell und schön,
Erzählt von Treu der Frauen die Burg auf Rebenhöh'n .
Ein Kranz von Blumen und Bäumen an ihrem Fuße lacht,
Erblüht aus Dichterträumen in üppig-reicher Pracht.

Inmitten blühender Lauben und Gärten dort erglänzt
Ein freundlich Haus von Trauben die Türe hold umkränzt.
Ein Meister süßer Lieder, es klingt sein Name laut
Durch Deutschlands Gauen wider, hat sich es aufgebaut.

Anna N i c o l a i, Calbe a .d. Saale, die so manches Lied auf Weinsberg gesungen, schreibt ins Gästebuch:

Und ob auch Tausende sich eingeschrieben,
damals und jetzt, ins Kerner-Fremdenbuch –
Unzählige sind ferne noch geblieben,
die nur der Sehnsucht Flügel zu euch trug!
Nun schmückt der Lenz die teure Stätte wieder:
Justinus Kerners Bäume werden grün,
die seine Hand gepflegt, die Beete, blühn.
Das Gartenhäuschen winkt im Grün der Reben,
wie dazumal, von Blumen überdacht:
Horch! Will der West den Harfengruß mir weben?
Ist Lenaus dunkler Geigenton erwacht?
Wo breit der Nussbaum streckt die mächt'gen Äste,
steig ich empor beim letzten Tagesstrahl:
Des „Geister-Turms" erlauchte Dichtergäste,
Schwab, Uhland, Kerner, schauten hier zu Tal!

Heinrich H e i n e soll auch einmal nach Weinsberg gekommen sein:

Die Burgruine erglänzte
im Abendsonnenschein;
Herr Heinrich und seine Gesellen
kneipten Romantik und Wein. [17]

Es tritt dann ein Denunziant auf; Heine entweicht; das beabsichtigte Gedicht auf die Weibertreu bleibt zum Glück unvollendet. Später schreibt Heine von Paris aus im „Schwabenspiegel":

Justinus Kerners Gedichte sind nicht ganz und gar schlecht; der Mann ist überhaupt nicht ohne Verdienst, und von ihm möchte ich dasselbe sagen, was Napoleon von Murat gesagt hat, nämlich: ,Er ist ein großer Narr, aber der beste General der Kavallerie.' Ich sehe schon, wie sämtliche Insassen von Weinsberg den Kopf schütteln und mit Befremden mir entgegnen: ,Unser teurer Landsmann, Herr Justinus, ist freilich ein großer Narr, aber keineswegs der beste General der Kavallerie.' Nun wie ihr wollt, ich will Euch gern einräumen, dass er kein vorzüglicher Kavalleriegeneral ist.

Das Urteil des deutschen Volks hat den „ungezogenen Liebling der Grazien" längst widerlegt.

FRAU FRIEDERIKE KERNER -
genannt: „Das Rickele" -

Justinus Kerners treue Hausfrau, sein oft besungenes Rickele, wurde auch nicht vergessen. Sie ist ihm im Tode vorangegangen

E. G e i b e l schreibt von Justinus Kerners Frau, dem „Rickele":

> *... Das Rickele aber, ein Weib ganz aus Einem Stück, die vortreffliche Haufrau und doch voll Sinn für alles Schöne. Wohl dem, der's findet!*

Franz J e d r z e j e w s k i

Wie sie ihre nicht immer leichte Aufgabe als sorgende Hausfrau bei der so überaus großen Gastfreundlichkeit des Kernerhauses zu erfüllen wusste, das hat einer der wärmsten und treuesten Freunde des Kernerhauses in unsern Tagen, der Verfasser des feinen Büchleins „Justinus und Theobald Kerner und das Kernerhaus in Weinsberg", Franz Jedrzejewski in Schweidnitz (Schlesien) in einer hübschen dramatischen Szene [18] dargestellt. Sie trägt den Titel „Bei Justinus Kerner in Weinsberg". Uhland, Schwab, Mayer, Alexander von Württemberg, Lenau treten auf, aber auch jene beiden Handwerksburschen, die einmal das Kernerhaus für ein Wirtshaus hielten und tatsächlich freundlich bewirtet wurden.
Jedrzejewski läßt Uhland sagen:

> *„Das teure Rickele! Es gibt wohl auf der ganzen Erde kein besseres Weib als das Deine, Justinus!*

Carl M a y e r nennt sie:

> *Frau Tischleindeckdich*

Ein schwerer Schlag traf den alternden, leidenden Dichter mit ihrem Heimgang im Jahre 1854.

Bild 5: Frau Friederike Kerner (aus Bild 11 S. 44 entnommen)

Ottilie W i l d e r m u t h , Tübingen, schrieb [19] dem fast Verzagenden am 22. Juni u. a. :

Mein armer Freund, Sie sind reich in der Erinnerung an ein solches Herz; diese Treue und Demut bleibt uns allen ein leuchtendes Vorbild. Gott lasse mein Ende sein wie ihr Ende und verleihe mir das Bürgerrecht auf der Stätte, wo sie daheim ist! Teurer verehrter Freund, in meines Vaters Stammbuch ist ein Blatt von Ihrer Hand aus jungen Tagen mit den Worten: Das Kreuz ist des Sternes Fundament! Möge auch Ihnen aus der Nacht des Kreuzes der Stern einer seligen Hoffnung aufgehen, mögen Sie erfahren dürfen, dass eine Liebe und Treue, wie sie Ihnen groß war, stärker ist als Grab und Tod.
Seit ich Sie kenne, war ein Besuch in Ihrem lieben Hause ein Lichtpunkt meiner Wünsche. Es ist kein Haus der Freude mehr, aber das Friedensbild des Gekreuzigten wird noch immer seinen stillen Segen darüber hauchen.

Auf beider Grabstein stehen die Worte:

„Friederike Kerner und ihr Justinus. “ –

Bild 6: Kerner, Schwab, Uhland in Kerners Garten (Lithographie von W.V. Breitschwert)

DAS KERNERDENKMAL 1865

Unter herzlicher Anteilnahme von nah und fern wurde im Jahre 1865 das Kernerdenkmal eingeweiht mit seiner Inschrift:

Aegrotorum solatium, daemonum flagellum,
Musarum deliciae, dulce patriae decus – ,

die ich auf Deutsch etwa so wiedergeben möchte:

Tröster der Kranken und Schrecken der Geister,
Vaterlands Zierde, der Dichtkunst Meister.

DAS KERNERFEST 1886

Groß war die Teilnahme am Kernerfest, 18. September 1886. Das war ein bedeutsamer Tag für Weinsberg. Überall Festinschriften in poetischer Form, Festzug, Festjungfrauen, Festklänge und Festgesänge. Einem Regen von farbigen Lichtkugeln gleich kamen die Festgedichte von allen Seiten. Hönes, Theobald Kerner, Geßler, Vierordt, Schüler, Adolf Stöber, Frankl, Eichrodt, Stolze, Engelmann und ein Anonymus haben neben den gehaltreichen Festreden treffliche poetische Gaben beigesteuert. In der Festschrift [20] sind sie vereinigt.

Aus all der Fülle wähle ich nur die Worte von
J.G. Fischer:

Heute hat sich das in Erz festgehaltene Bildnis des gefeierten tausendfältig geteilt, es ist vor unsern Geistesaugen in ebenso viele flüssige Strahlen auseinandergeströmt als Seelen Teil haben an den Liedern durch das ganze Volk hindurch, in dessen Sprache Justinus Kerner gesungen, ja über dasselbe hinaus. Sind doch seine Lieder selbst Seelen, die zur Seele reden. Sie scheinen sich kaum zu kümmern um die Kunst der äußern Formgebung und doch sind sie gerade dadurch so überzeugend, dass sie mit ihrer notwendigen Gestalt schon geboren sind. Dadurch sind sie volkstümlich geworden, darum hat Justinus Kerner tausendfach die Herzen gewonnen, darum ist er in tausend Liedern gefeiert und ist unsterblich, weil er selbst zum Liede geworden ist. "

Über dem Fest schwebte e i n Gedanke, dem einer der Redner treffenden Ausdruck gab:

So weit die deutsche Zunge klingt,
Justinus Kerners Lob man singt!

HINAUF ZUR BURG WEIBERTREU

Und dann gehen wir durch die Weinberge hinauf zur Weibertreu.
Weltberühmt ist dieses Denkmal der Frauentreue und „steinerne Al-
bum" in das so viele edle Geister sich eingetragen haben. [21]

Von der Inschrift, die uns am Tore grüßt, sagt
Justinus K e r n e r :

> *Auf einen Stein der Burg der Weibertreue*
> *Schrieb einer (wohl in seines Herzens Reue).*
> *„ G e t r a g e n hat mein Weib mich nicht,*
> *aber ---- e r t r a g e n !*
> *Das war ein schwereres Gewicht*
> *Als ich mag sagen."*
> *Jedwedem fällt der Stein dort ins Gesicht.*
> *Die Männer schnell an ihm vorübergehen,*
> *Die Frauen aber bleiben bei ihm stehen.*

Nikolaus L e n a u :

> *Linde werd' ich hier umweht*
> *Von geheimen frohen Schauern*
> *Gleich als hätt' ein still Gebet*
> *Sich verspätet in den Mauern.*
>
> *Hier ist all mein Erdenleid*
> *Wie ein trüber Duft verflossen,*
> *Süße Todesmüdigkeit*
> *Hält die Seele hier umschlossen.*

Eduard M ö r i k e , im Blick auf die Äolsharfen:

> *Du einer luftgebornen Muse*
> *Geheimnisvolles Saitenspiel,*
> *Fang an, fang wieder an*
> *Deine melodische Klage!*

Emanuel G e i b e l :

> *In blauer Nacht bei Vollmondschein,*
> *Was rauscht und klingt so süße?*

Justinus K e r n e r dichtet auch über die Äolsharfen:

In des Turms zerfallner Mauer
Tönet bei der Lüfte Gleiten
Mit bald halb zerriss'nen Saiten
Eine Harfe noch voll Trauer.
In zerfallner Körperhülle
Sitzt ein Herz noch halb besaitet,
Oft ihm noch ein Lied entgleitet
Schmerzreich in der Nächte Stille.

Viele Lieder sind in dieser einzig schönen Umgebung entstanden, in begeisterten Worten oder in Gedanken! [22] „Liebe" und „Treue" war von jeher der Grundton, Vergangenheit und Zukunft reichten sich die Hände. Manch fröhlicher Sängerchor hat hier mit den Vöglein um die Wette gesungen.

J . J . A b e r t   - Hofkapellmeister (Stuttgart) – hat seinerzeit J. Kerner sein Nokturno [23] übersandt "Ein Abend auf Burgruine Weibertreu, musikalisches Tonbild für das Pianoforte":

Schon lange fühlte ich das Bedürfnis, den Empfindungen, denen ich mich bei meinem jedesmaligen Aufenthalt in Weinsberg hingeben konnte, einen musikalischen Ausdruck zu geben, ... und so zauberte ich mir denn einen von jenen schönen und unvergesslichen Abenden vor die Seele, die ich an Ihrer Seite auf der Weibertreue zubrachte, wo wir zusammen dem Grundtone der Natur lautlos und wie von einer höheren Macht gebannt lauschten. Was war es für eine Kraft, die mich so mächtig dahin zog? Welche Wirkung der Töne, so groß und gewaltig, dass sie mich vor mir selbst in ihrem Reiche für einen Stümper und Pfuscher erklärte. Damals stieg in mir die Ahnung auf, dass es noch eine andere Musik gibt als die unsere, und ich fühlte nur zu tief, dass die Kluft zwischen dieser und jener eine unermessliche ist.

Carl M a y e r   hat uns eine der schönsten Inschriften gegeben, mit der wir von der uns vertrauten Ruine scheiden:

Ich und das Abendsonnenlicht
Sind still hier eingekehrt. –

Durch die Abendstille tönt noch das vielgesungene, von Otto L ö f f l e r vertonte eigentliche Weinsberger Volkslied von dem „munteren Ritter und seinem Lieb". Ob er wohl den verlangten Stein von der „Männertreue" gefunden hat?

Ernst Edler v o n P l a n i t z lässt in seiner vortrefflichen epischen Dichtung „Die Weiber von Weinsberg" den fahrenden Scholar Peter, der, um seine Eltern zu suchen, nach Weinsberg kommt, überlaufen, vom Walde her, der Stadt sich nähern:

... Und er griff nach seinem Stocke,
Und er stieg hinab den Talhang
In die Nacht hinein. Von ferne
Glänzten matt im Tale Lichtlein.
Weinsberg war's im Abendfrieden,
Und hoch oben von dem Berge
Strahlte ihm ein Stern entgegen –
Weinsbergs Schloss am Rebenhügel.
Rüstig schritt er aus, und leise
Summte er bewegten Herzens:

Stiller Frieden, Gottes Ruh',
lagert auf den Gründen;
Armes Herz, ach könntest du
auch den Frieden finden!

Fernher lockt ein sanfter Ton,
frommes Betgeläute;
Nur mich fremden Erdensohn
zieht es in die Weite.

Klar in ihrer ernsten Pracht
blinken schon die Sterne;
Einsam irr' ich durch die Nacht
in die dunkle Ferne.

Himmelsfriede, Gottes Ruh'
lagert auf den Gründen,
Armes Herz, ach könntest
du auch den Frieden finden!

II.
WEINSBERG IM BAUERNKRIEG

VIELE KRIEGE UM WEINSBERG

Weinsberg hat im Laufe der Zeit mehr Freude, aber auch mehr Leid erlebt als andere Städte in Württemberg. 1525 wurde es zur Strafe, dass ein Teil seiner Bürger zu den Bauern gehalten hatte, bis auf den Grund zerstört. 1707 ist es fast bis auf den Grund abgebrannt. Vieles ist im Lied festgehalten worden. So haben wir ein Gedicht [24] aus dem Pfälzer Krieg von 1504, in welchem Herzog Ulrich von Württemberg u. a. auch Weinsberg dem Pfälzer abnahm. Sein Zeugwart (Wartmann), Hans G l a s e r von Urach, hatte eine poetische Ader und überschrieb seine Dichtung:

Ain hübscher spruch von dem württembergischen krieg. Wie herzog Ulrich von Wirttenberg mit seinem hör bekriegt hat herzog Philippen pfalzgrafen bei Rein und im abgewunnen stet, schlösser und dörfer, nämlichen hinach volgend: Maulprunnen, Knittlingen, Bretthaim, Bässikam [25], Löwenstain, Neuenstatt, Weinsperg, Widern, Meckmüln, Ingerßen [26], Großgart [27] ...“

Von Weinsberg erzählt er:

... darnach man weitergeruckt hat
gen Weinsperg für die hohen vest;
selzam warn in sölich gest.
Den Berg belegert man überal
zu baiden seiten biß in das tal.
*Die Muter *) ist auf Kirchweich kommen,*
*hat schwester *) und pruder *) mit ihr genommen*
haben da ein Hofrecht (= ein Ehrentanz) gemacht
und sechs von Ulm mit inen pracht,
*auch den Tracken *) von Hall*
*und aine, haist die Nachtegal *);*
vier karton richt man darzu
*und aine genannt Unru *)*
*der Narr *) wollt auch sein im spil,*

**) Name von Geschützen*

derselb gab der wirf so vil
hat die von Weinsperg übel verdrossen.
Die vier haben eisen g'schossen.
die schlangen haben auch übel gepissen,
ich main der pfalzgraf sölts wohl wissen!
Ainen turen schoß man oben ab
und auch die maur biß auf den grab;
man zerschoß den mantel und das ritterhaus,
die stain furen hinden auß.
Das schloß ward beschoßen nach aller not,
darnach schanzt man zu der stat
allernächst für die porten.
Man hat sie geengst an allen orten,
man nam in'n den prunnen mit abenteur
und warf hinein mit prinnenden feur ...

BAUERNKRIEG 1525

Ganz besonders beschäftigt die Dichter alter und neuer Zeit das Schicksal Weinsberg im B a u e r n k r i e g 1525.
Es war am Karfreitag, als die aufrührerischen Bauern mit Mord und Brand von dem geplünderten Lichtenstern und von Löwenstein her an Weinsberg vorüber nach Neckarsulm zogen. In der Frühe des Ostermorgens kehrten sie zurück und begannen vom Schemelsberg aus den Sturm auf die von 80 Rittern und reisigen Knechten, sowie von der Mehrzahl der Bürger verteidigte Stadt. In einer Stunde war sie von der Übermacht bezwungen, und noch am selben Tage wurden die Ritter, die nicht im Kampfe gefallen waren, voran der württembergische Vogt, Graf Ludwig von Helfenstein, auf der Wiese vor dem Untertor durch die Spieße gejagt.
Wir haben noch Flugblätter und alte Volks- und Landsknechtslieder aus jener Schreckenszeit. Ich entnehme dieselben Dr. Steiffs Sammlung geschichtlicher Lieder und Sprüche Württembergs [28].

VIER LIEDER
AUS DER SCHRECKENSZEIT DES BAUERNKRIEGES
(Auszüge, Originalüberschriften)

„Ein neu lied von den baurn,
wie sie Weinsperg gestürmbt hand!"

„In dem ton herzog Ullrich:
So wet ich gern singen, so hat mein lied kein ton." [29]

Nu höret hie groß Wunder,
ist kund und offenbar
als man zelt fünfzehnhundert
im fünfundzwan'gsten jahr,
wie es zu Weinsperg gangen
am heiligen ostertag:
die Burger wurden gefangen
und kamen in große not.

Die bawren boten senden
ist wahr und unverholn,
auß dem hellen haufen behände
gen Weinsperg under das tor:
Man sollt die statt ufgeben,
bewaren ir hab und gut,
es kost in sunst ir leben
und sterben in irem Blut.

„Das lied vom hellen pauernhaufen".

„Im ton: Sant Jörg, du edler ritter." [30]

Wie nu ihr elenden pauern,
wie deucht ir euch so kün?
ier habt fast sehr gepuchet;
wo sein eur anschläg hin
so balde von euch verschwunden,
dass ir in kurzen stunden
so ritterlich überwunden
von Herren und adel gut?
Gott habs in seiner hut!

Dann dass ir habt ermordert
den grafen vom Helfenstein,
mit ime die Frommen edlen
ir knecht, das ist nit nein;
ir schuft unschuldig tode,
darin da hett ir freude
bringt aller welt groß leide,
clagt mancher biedermann
der hat kein schulde dran ...

„Der bauren krieg.
Ein schönes Lied, wie es in allem teutschen land
mit den bauern ergangen ist"

„Im ton: Es get ein frischer Sommer daher,
da wert ir hören neue mer. "

Ir herren wolt ir	*... Zu Winßpurg geschach*
schweigen still	*ein gräulich tot:*
und hören, was ich singen will,	*graf Ludwig ward geben in tod*
ob jemand tet belangen.	*mit xxiii edlen;*
wie es in ganzem teutschen land	*wolt Got es wer geschehen nicht,*
mit den baurn ist ergangen,	*hett mancher noch sein leben,*
ergangen	ja leben

Von den Folgen für die Stadt heißt es:

Winßpurg das wart verbrennet gar
und alles, was darinnen war,
mit sampt funf dörfer umbher,
vier hundert auch erschlagen hont;
da war ein großer jamer, ja jamer

In einem vierten Lied
findet sich die Strophe:

zwischen Weinsperg und Granschen
da macht er (d.i. der Truchsess von Waldburg) *etlich bauren tanzen,*
die hant ir zeit nit wohl vertrieben;
ir seint bei fünfzehn blieben. –

Rudolf S t r a t z , einer unserer besten Erzähler, der Meister auf dem
Gebiet des historischen Romans, schildert jenen Ostertag anschaulich
in seinem „Armen Konrad". [31]

... Verzweiflungsvoll kämpfen die Ritter um Mauern und Tore. Mit geteiltem Herzen leisten die Bürger Beistand. Graf Helfenstein reitet von einem Ende der Stadt zum andern und ermutigt die Kämpfer. Da wankte er plötzlich, wie getroffen, im Sattel. Die gepanzerte Rechte wies, sich zusammenkrallend nach der Burg.

„Auf dieser wehte hoch oben am Wartturm die schwarze Fahne, und alles lebte und webte auf Wällen und Schanzen von jubelnden Bauern.“

"Die Geyer'schen sind der Burg Meister!“ Herr Wolfgremlich faltete die Hände. „Nun sei uns Gott vor!“

„Wohin? Wohin?“ Zu Fuß und Ross tummelten sich regellos Ritter und Reisige auf dem Markt. „Ihr Herren – es geht um Hals und Leben!“

Schon senkten sich unten die Torflügel. Wildes Triumphgeschrei begleitete das rastlose Donnern des Rammbocks, das Prasseln der Äxte draußen. Vom Spital her lief ein Schwarm Gewappneter, so rasch es das schwere Eisenkleid erlaubte. „Flieht! Flieht!“ schrieen sie. „Die Bettler im Siechenhaus helfen den Bauern über die Mauern!“ Schon bedeckte sich die ganze Mauer mit den ungelenken Leibes heraufkletternden Gesellen. In ihr Geschrei mischte sich vom Untertor ein letzter donnernder Krach. Aus ihren fußlangen Eisenzapfen gerammt schwankten die dicken, schon halb zerhauenen Torflügel noch einen Augenblick und schlugen dann auf das Pflaster, dass der Boden dröhnte und der Staub in Wolken aufstieg. Und über sie hin flutete wie ein angestauter Wildbach, alles vor sich niederreißend und mitschwemmend, der Bauernstrom in die Stadt, und zu gleicher Zeit ergossen sich durch drei andere Tore die Sturmhaufen über Gassen und Plätze.

„Wo sind die Ritter?“ hallte es in wütendem Geschrei. „Wo ist der Helfensteiner? Er muss sterben und wenn er von Gold wäre.“

Auf dem Markte deuteten durch den betäubenden Lärm Herr Wolfgremlich und Graf Helfenstein nach der über ihnen sich türmenden Kirche. „In die Kirche – in die Kirche! Das ist der letzte Ort, wo wir den Bauern widerstehen können!“

Die Pferde im Stiche lassend, klommen die Scharen der Edlen eilends den steilen Weg zum Gotteshaus hinan. Dicht hinter ihnen streckten sich schon die Hellebarden der Bauern und klang der Schlachtruf: „Bleibt stehen, ihr Herren! Der arme Konrad will sich von euch die Ostereier holen!"

An der oberen Kirchhofspforte krachten bereits die Beile der vom Schloss herabstürmenden Schwarzen Schar, und an der Innenseite half ein Haufe Weinsberger Gesellen mit Axt und Hammer weidlich nach. Wohl stoben sie erschreckt auseinander, als sich der Gottesacker ringsum mit den keuchend und klirrend heraufklimmenden Eisenmassen der Ritter und Reisigen füllte – aber zur Hälfte war die Arbeit schon getan, der Einlass zum Friedhof gebrochen.

„Verrammt die Kirchentür!" keuchte Graf Helfenstein den andern zu. „Wir müssen die Schnecke hinauf uns in den Turm retten! Sonst können wir alle nicht anders als uns des Tods getrösten!"

Hastig drängten sich hinter ihm die Edlen in das Gotteshaus und verrammelten es, die Wucht ihrer Panzerleiber dagegen pressend, während die obere Pforte aufkrachte und in wilden Sprüngen die Knechte der Schwarzen Schar über die Grabsteine hin gegen die Ritter anflogen, die nicht mehr die Kirche hatten erreichen können.

Rings um die Kirche zogen sich die steinernen Wappentafeln der darunter beigesetzten Adelsgeschlechter. Hier, an der Stelle, wo ihre Ahnen ruhten, ihr eingemeißeltes Stammeszeichen als Rückhalt, den Feind im Auge, fielen die Edlen im ungleichen Kampf. Sebastian von Ow, Eberhard von Sturmfeder, zwei Edle von Neuhausen und andere sanken mit ihren Genossen unter den Schlägen der Bauern.

Innen in der Kirche hallte indes das Gewölbe von den Sturmschlägen der Bauern, dem Waffengerassel der Ritter, die sich aneinandergepresst die steile viel gewundene Steinschnecke zum Turm hinauf arbeiteten. Die Treppe war ja so schmal und niedrig, dass sich ein einzelner Mann nur mit Mühe durchzwängen konnte; dichte Finsternis hüllte sie ein und hemmte den langen, in ungeduldigem Zucken und Zittern, schuppenklirrend, wie eine fliehende Schlange durch den engen Unterschlupf sich emporwindenden Zug.

Ritter Felix von Trugenhofen stand mitten in der Kirche, das Schwert in der Hand. Vor ihm drängten sich am Treppenaufgang *zur Schnecke die Reisigen und mahnten fluchend und brüllend die schon im Turm Befindlichen zur Eile.*

„Das sieht übel aus!" ging es ihm durch den Sinn. „Dort o- ben sind wir ja gefangen wie der Fuchs im Eisen! Und bleibt man unten, so ist der Tod gewiss!"

Der Tod, der ungeduldig an die wankende Kirchentüre häm- merte. Der Trugenhofer blickte umher, und plötzlich fiel sein Au- ge auf eine schmale mit Eisenbändern beschlagene Pforte.

Mit raschem Entschluss stieß er die Türe auf. Ein Gang von zwölf Stufen führte in eine kleine halbdunkle Gruft hinab .....

Zu erwähnen sind noch:
- Luise P i c h l e r [32] mit ihrer Erzählung „Der Schreckenstag von Weinsberg".
- K . F r o n , „Das Weltgericht", eine Erzählung aus dem Bauern- krieg 1525 [33] .
- F . v . G a u d y , der Pfarrer von Weinsberg. Geschichtliche Er- zählung. Mit Bildern von H. Röhm. Kranz-Bücherei Heft 80 (Verlag M. Diesterweg Frankfurt a. M. 1926)

Adolf T a f e l hat in neuerer Zeit den Stoff dramatisch bearbeitet im kurzen Volksschauspiel: „Der Schreckenstag von Weinsberg" [34] . In der 2. Szene lässt der Dichter den Bürgermeister von Weinsberg dem Grafen guten Rat geben:

Gnädigster Herr! Wollt es nicht übel deuten
Wenn ich's ausspreche, dass den Bauern viel
Und großes Unrecht ist gescheh'n. Behandelt
Hat man sie wie das Vieh, ja schlimmer noch
Als dieses, und 'swär endlich Zeit, dass ihnen
Mit billigerem Maß gemessen würde.

Schullehrer S c h m i d - 1888 wurde in Weinsberg durch 40 Mit- glieder des Lesevereins sein historisches Schauspiel: Die Erstürmung der Stadt und Burg Weinsberg im Bauernkrieg, am Osterfest 1525, aufgeführt. Es ist nur noch ein ausführliches, gedrucktes Szenarium vorhanden.

Bild 7: J.W. Goethe

Götz von Berlichingen

G o e t h e kommt in seinem
"G ö t z v o n B e r l i c h i n g e n "
zu Anfang des 5. Aktes auf Weinsberg zurück:

> Bauernkrieg
> Tumult in einem Dorf und Plünderung
> Weiber und Alte mit Kindern und Gepäcke
> Flucht

Alter	*Fort! Fort!* *Dass wir den Mordhunden entgehen!*
Weib	*Heiliger Gott, wie blutrot der Himmel ist! Die untergehende Sonne blutrot!*
Mutter	*Das bedeut't Feuer.*
Weib	*Mein Mann! Mein Mann!*
Alter	*Fort! Fort! In Wald!*

> ziehen vorbei

> Link, Anführer

Link	*Was sich widersetzt, niedergestochen! Das Dorf ist unser. Dass von Früchten nichts umkommt, nichts zurückbleibt! Plündert rein aus und schnell! Wir zünden gleich an.*

Metzler	*Wie geht's euch, Link?*
Link	*Drunter und Drüber, siehst du; du kommst zum Kehraus. Woher?*
Metzler	*Von W e i n s b e r g . Da war ein Fest!*
Link	*Wie?*
Metzler	*Wir haben sie zusammengestochen, dass eine Lust war.*
Link	*Wen Alles?*
Metzler	*Dietrich von Weiler tanzte vor. Der Fratz! Wir waren mit hellem, wütigem Haufen herum, und er oben auf'm Kirchturm wollt gütlich mit uns handeln. Paff! Schoss ihn Einer vor'n Kopf. Wir hinauf wie Wetter, und zum Fenster herunter mit dem Kerl.*
Link	*Ah!*
Metzler	zu den Bauern *Ihr Hund', soll ich euch Bein' machen! Wie sie haudern und trenteln, die Esel!*
Link	*Brennt an! Sie mögen drin braten! Fort! Fahrt zu, ihr Schlingel!*
Metzler	*Darnach führten wir heraus den Helfenstein [35], den Eltershofen, an die dreizehn von Adel, zusammen auf achtzig. Herausgeführt auf die Eb'ne gegen Heilbronn. Das war ein Jubilieren und Tumultieren von den Unsrigen, wie die lange Reih' arme reiche Sünder daherzog, einander anstarrten, und Erd' und Himmel! Umringt waren sie, ehe sie sich's versahen, und alle mit Spießen niedergestochen.*
Link	*Dass ich nicht dabei war!*
Metzler	*Hab' mein' Tag' so kein Gaudium gehabt …*

G e r h a r t   H a u p t m a n n erwähnt in seinem „Florian Geyer" [36] öfters
die Erstürmung von Weinsberg und was sich dabei zutrug. Da berichtet einer
von Weinsberg:

*Alsobald brachen sie in die Weinberge, stäubten den Berg hinauf,
hingen an der Mauer und sprangen darüber wie Katzen, warfen
alles nieder und ließen die Bauernfahnen von allen Türmen weh'n
..."*

„Hoch, Florian Geyer! Sieger von Weinsberg!
der Geyer soll unser Hauptmann sein!"

rufen die Bauern bei Würzburg. Dort geht in heißen Sommertagen die
Prophezeiung des Ritters von Rotenhahn in Erfüllung:

So wird man ein jedes Tröpflein adligen Bluts, zu Weinsberg ver-
gossen, dereinst von Euch fordern!

Florian Geyer, der schwarze Ritter, war ja freilich unschuldig daran;
er hatte die Bluttat nicht gebilligt.
Auch Götz von Berlichingen sagt es gerade heraus:

Ist die Bauernschaft willens, hie zu Würzburg ein so grausam und
gottverflucht Stücklein zu spielen, als es jüngst zu Weinsberg zu
unwiederbringlicher Schmach und Schaden gemeinen bäueri-
schen Handels geschehen ist, so hab ich nichts mit gemein ...

Ein alter, fahrender Musikant singt mit zitternder Stimme:

Der Florian Geyer zu Weinsberg was (war),
Ergriff er die schwarze Fahne und sprach:
Auf, liebe Gesellen mein,
jetzt wollen wir das Schloss gewinnen ...

Die Rührung übermannt Geyer, er hat sich niedergelassen und weint.
Dann sagt er:

Ihr Herren, ich schäme mich nit vor Euch.
Ich hab nit um mich geweinet ...

T i m   K l e i n - In dem ausdrucksvollen, geistgewaltigen „Reformations-Festspiel der Stadt Heilbronn", 1928, von Tim Klein „Dennoch bleib ich!" spielt der Schreckenstag von Weinsberg herein. Man hört auf dem Heilbronner Marktplatz scharfe Geschützausschüsse von Weinsberg her. Die Meinungen der Heilbronner sind geteilt. Flüchtlinge stürzen herein:

> *„Weinsberg ist bäurisch!"*
> *„Gott sei gelobt!" rufen die einen,*
> *„dass Gott erbarm!" die andern.*

Man hört von den Greueln drüben in Weinsberg. Die Abwehr ist matt. Heilbronn öffnet dem übermütigen Bauernheer seine Tore. Aber im Schöntaler Hof gesteht der Bauern-Kanzler, Wendel Hipler, ganz offen:

> *„Liebe Brüder! Der Ostersonntag von Weinsberg, an dem der Jäcklein Rohrbach seine Hände im Blut der Ritter gewaschen, war der böseste Tag meines Lebens; und ich habe viel böse Tage gesehen."*

Und nachher (düster):

> *„Und ich sag' Euch, es war der Tag, da das Ende seinen Anfang nahm. Der Jäcklein Rohrbach hat der Bauern Sach ermordet, nit allein den Helfensteiner und die Ritter!" –*

Aus neuerer Zeit stammen noch zwei epische Dichtungen.
R i c h a r d   N o r d h a u s e n [37] :
„Joß Fritz, der Landstreicher" und die wertvollere von

J o s e p h   L a u f f :
„Der Helfensteiner, ein Sang aus dem Bauernkriege" [38] .
In das Schicksal der Ritter und der Stadt Weinsberg flicht Nordhausen die Liebe eines Bauernführers zu dem Ritterfräulein Jutta von Lichtenstern. Bei Lauff greift eine verlassene Geliebte des Grafen von Helfenstein, Renate von Heilbronn, mit ihrer Rache ein. Lauff schildert den Grafen von Helfenstein, ehe er am Untertor in die Spieße gejagt wird:

Bild 8: Erspießung des Grafen Helfenstein (Ostern 1525)

Bild 9: Ausschnitt aus Bild 9

... Jetzt naht der ritterliche Kempe,
Dem bald der Tod das Kränzlein flicht;
Still schattet ihm die breite Krempe
Sein Gram entstelltes Angesicht, -
Nicht furchtentstellt, denn feiges Bangen
Ist nicht des Helfensteiners Art;
Das Auge flammt, und um die Wangen
Da flockt ihm rabenschwarz der Bart.
Heut geht's zum letzten Wappentanze,
Doch ohne Sattel, ohne Gurt;
Nicht führt die Rechte mehr die Lanze
Wie sonst im Fels und im Buhurt (=Turnier)
Und nimmer wird ihm unter Kosen
Von schöner Hand die Stirn umlaubt:
Die bleichen, kalten Todesrosen,
Die zieren bald sein blutig Haupt.
Und Bauern rings, ein schlimm Gehege,
Viel kalte Schauer im Gebein,
So schreitet auf dem letzten Wege
Der letzte Graf von Helfenstein." –

Theobald K e r n e r s Gedicht ‚Gräfin Helfenstein' bezieht sich auf
die selbe Szene.

A d o l f T a f e l (S. 37) schließt sein Schauspiel mit der Antwort
der Gräfin auf den Hohn der schwarzen Hofmännin:

„Im goldnen Wagen bist du eingezogen,
fahr auf dem Karren jetzo nach Heilbronn!" –

„Ich denk' des Herren Leidenswoch',
Die heute ist verflossen.
Sein Blut – Das ist ein Trost mir noch,
Ward auch für mich vergossen.
Von Palmenjubel rings umgeben,
War noch erfüllt ihm Herz und Sinn,
Und doch gab er sein teures Leben
Für unsre Sünden willig hin.
Der uns zu Opfer bracht den Leib,
Der tröste jetzt mich armes Weib,
Und lass aus diesem Blutvergießen
Einst neues Licht und Leben sprießen!" –

Dann kam über die unglückliche Stadt der schreckliche Rachezug des Schwäbischen Bundes unter dem Truchsess von Waldburg. Wie gründlich er die Stadt zerstörte, schildert Richard Nordhausen:

...Wo Weinsberg sich an die Höhen gelehnt,
Ein Totenacker nun grausig sich dehnt,
Kein Turm mehr, der zum Himmel strebt,
Kein Haus sich gastlich winkend erhebt.
Der blühende Anger, wo Weinsberg stand
Zu Schutt verwüstet und leer gebrannt.
Und grauer Brodem, vernichtungssatt,
Schwelt über den Trümmern der armen Stadt.
Qualmende Glut durch die Dünste noch loht,
Aus den Ruinen noch flackert es rot.
Dem Tiger gleich, der zum Sprung sich geduckt,
Ein Flammenbrand jach aus der Asche zuckt,
Und züngelt und springt durch Schutt und Staub
Wildgierig lechzend nach neuem Raub. –

Bild 10: In Kerners Garten: v.l.n.r. : Theobald Kerner, Lenau, Schwab, Alex. V. Württemberg, C. Mayer, Justinus Kerner, Friederike Kerner, Uhland, Varnhagen v. Ense (nach Gemälde von H. Rustige 1865)

III.
DIE TREUEN FRAUEN VON WEINSBERG

WEIHNACHTEN 1140

Wir gehen zurück ins 12. Jahrhundert, in die Weihnachtstage des Jahres 1140, da, wie das alte Weinsberger Privilegienbuch von 1468 berichtet: „Weinsperg belägert worden und die Weiber-Treu fürgeloffen." Ob das Geschichte oder Sage, wurde früher viel erörtert. Meist nahm man das leztere an, weil ähnliche Vorkommnisse später auch von anderen Orten berichtet werden. In neuerer Zeit hat der bekannte Historiker Dr. Karl Weller, Stuttgart, die Frage eingehend und mit allen Hilfsmitteln moderner Geschichtsforschung untersucht [39]. Im Gegensatz zu Dr. Bernheim u .a., welche die Weibertreue für eine von Weinsberg ausgehende Wandersage halten [40], hat Weller nachgewiesen, dass die gewichtigsten Gründe für die Geschichtlichkeit der Erzählung sprechen. Besonderen Wert legt Weller auf die Tatsache, dass der Kölner Dompropst, Arnold von Wied, in dessen Umgebung die „Kölner Chronik" ums Jahr 1162 entstand, als Vorstand der königlichen Kanzlei im Lager vor Weinsberg weilte und dort einige Urkunden ausstellte. Auch die Historiker Dr. Robert Holtzmann [41] und Dr. Ludwig Rieß [42] nehmen, ebenso wie Weller, die Geschichtlichkeit der Begebenheit an. Sollte noch jemand begründete Zweifel hegen, so mag er sich mit G u s t a v S c h w a b trösten, welcher in seinem „Schwabenspiegel" sagt:

Je angefochtener die Geschichte von der Weibertreu durch die historische Kritik ist, desto edler soll sie dargestellt werden durch Poesie und Kunst.

Die K ö l n e r C h r o n i k vom Jahre 1162 erzählt die Geschichte in Prosa.

Die „K a i s e r c h r o n i k" v o m J a h r e 1 1 4 6 erwähnt sie nicht. Es heißt da:

... do gevuochte ez sich also:
der chunich zurnde do

mit dem edelen vursten Welfe.
do newolten im niht helfen
neweder friund noch mage;
sie huoben sich also trage.
want Welf wider dem riche was.
der chunic Chounrat Winesperch besaz.
Welf samente sine helede,
er wollte die burch ledigen.
mit dem chunige er duo vaht.
Welf hete meror craft;
vil liuzel in daz half,
daz rich da vur traf.
Welf vil chume entran,
im wurden gevangen sine man.
Winesberc man do gap.
Welf was vehtenes sat ...

Philipp M e l a n c h t h o n hat mit Veit W i n s h e i m in einer lateinischen Akademischen Festrede [43] im Jahr 1539 die Tat der Weinsberger Frauen poetisch ausgeschmückt und sie mit den Heldentaten der Griechen und Römer verglichen.

B ü n t i n g erzählt dann im Jahre 1584 in seiner Braunschweig'schen Chronika ebenfalls ganz ausführlich [44] die Begebenheit. Er lässt den Herzog Welf berichten:

„... Der Kaiser darauf Antwort gab,
Mit Frauen er nicht zu kriegen hab.
Möchten derwegen ihren Schmuck
Mit großem Frieden tragen weg.
Mein edle Fürstin hochgeboren,
Die mich allein hat auserkoren,
Auf ihr Achsel mich genommen hat.
Desgleichen ein' jede vom Adel that,
Gingen also zu Stadt hinaus,
Dem Kaiser fielen sie zu Fuß
Und baten seine Majestät sehr
Durch aller Fräulein Zucht und Ehr,
Dass er sein' Zusag halten wollt'.

Petrus Nichthonius Vinimontanus [45], ein Weinsberger, hat im Jahre 1614 ein fünfaktiges Schauspiel [46] herausgegeben, unter dem Titel: „Weinspergische Belägerung vor etlich hundert Jahren von ehelicher Weibertreu, allen Eheleuten wie auch Jungen Gesellen und Jungfrauen als zu einem schönen Exempel nützlich zu lesen". Der langatmige Prolog kann bei Dillenius S. 262 f. [47] nachgelesen werden. In dem Stück selbst sagt z.B. Herzog Welf zu seiner Gattin:

Ach, ich besorg, ich sei zu schwer
Dir, herzenslieber Gemahl mein.

Worauf die Herzogin erwidert:

„Mein Herr, ich will mich schicken drein ...
ob mir gleich sollt der Hals drob krachen."

Und der Herzog tröstet sie:

„O ich will mich so leicht machen,
will auf den Zehen halb nachgehen
der Keyser wird's gnädig verstehn ..."

Das berühmte Wort:

rergium verbum non decere immutari
(ein Königswort soll man nicht drehn noch deuteln)

lässt er sich entgehen.

In Ergänzung meiner Ausführungen in der ersten Auflage des vorliegenden Büchleins hat D r . Rudolf K r a u ß in seinem Artikel „Die Weiber von Weinsberg im Drama" [48] daran erinnert, dass nach den Feststellungen Erich S c h m i d t s jener Nichthonius sich mit fremden Federn geschmückt hat. Der Verfasser des Schuldramas war ein gewisser Karl Christof B e y e r , Schulrektor in Öhringen.

Auch daran erinnert Krauß, dass im Jahre 1779 Johann Anton
L e i s e w i t z den Stoff wieder aufgriff und sein Lustspiel „Der
Sylvesterabend" nach Italien verlegt.

Josef Alois G l e i c h in Wien schrieb um die selbe Zeit ein Origi-
nalschauspiel mit Gesang unter dem Titel „Albert der Bär oder die
Weiber von Weinsberg".

Sigmund v o n B i r k e n [49], ein deutscher Dichter, Mitglied des
Ordens der Pegnitzschäfer, behandelt im Jahre 1681 den Gegenstand
in einem längeren Gedicht [50] : „Historia von der Weiber Treue zu
Weinsperg. Nach der Melodie: Amarintha, die ich hasse". Er beginnt:

Lasset uns ein Liedlein singen
Von belobter Weiber-Treu,
Weiber-Lob in Reime bringen,
Alte Thaten machen neu.
Sie sind würdig zu erzählen,
Es verdienen ein Gedicht
Solche fromme Weiber-Seelen
Und ein ewiges Ruhm-Gerücht.

Der Dichter scheint übrigens nicht sehr lokalkundig gewesen zu sein,
denn er fährt fort:

Weinsberg eine Burg in Bayren, die einmal ein Weinberg war!

Gottfried August B ü r g e r (s. o.) besingt die Geschichte in allzu
barockem Ton. Die Weinsbergerinnen können froh sein, dass er sei-
nen Vorsatz nicht zur Ausführung brachte, mit welchem er seinen
Sang [51] schließt.

Kömmt mir einmal das Freien ein,
So werd ich eins aus Weinsberg frei'n.

Besseres haben wir von *Adelbert v o n C h a m i s s o .*

Adelbert von Chamisso
Die Weiber von Winsperg

Der erste Hohenstaufe, der König Konrad, lag
Mit Heeresmacht vor Winsperg seit manchem langen Tag.
Der Welfe war geschlagen, noch wehrte sich das Nest,
Die unverzagten Städter, die hielten es noch fest.

Der Hunger kam, der Hunger! das ist ein scharfer Dorn;
Nun suchten sie die Gnade, nun fanden sie den Zorn.
„Ihr habt mir hier erschlagen gar manchen Degen wert,
Und öffnet ihr die Tore, so trifft euch doch das Schwert."

Da sind die Weiber kommen: „Und muss es also sein,
Gewährt uns freien Abzug, wir sind vom Blute rein."
Da hat sich vor den Armen des Helden Zorn gekühlt,
Da hat ein sanft Erbarmen im Herzen er gefühlt.

„Die Weiber mögen abziehn, und jede habe frei,
Was sie vermag zu tragen und ihr das Liebste sei!
Lasst ziehn mit ihrer Bürde sie ungehindert fort!"
Das ist des Königs Meinung, das ist des Königs Wort.

Und als der frühe Morgen im Osten kaum gegraut,
Da hat ein seltnes Schauspiel vom Lager man geschaut:
Es öffnet leise sich das bedrängte Tor,
Es schwankt ein Zug von Weibern mit schwerem Tritt hervor.

Tief beugt die Last sie nieder, die auf dem Nacken ruht,
Sie tragen ihre Ehherrn, das ist ihr liebstes Gut.
„Halt an die argen Weiber!" ruft drohend mancher Wicht.
Der Kanzler spricht bedeutsam: „Das war die Meinung nicht!"

Da hat, wie er's vernommen, der fromme Herr gelacht:
„Und war es nicht die Meinung, sie haben's gut gemacht.
Gesprochen ist gesprochen, das Königswort besteht,
Und zwar von keinem Kanzler zerdeutelt und zerdreht."

So war das Gold der Krone wohl rein und unentweiht.
Die Sage schallt herüber aus halbvergessner Zeit.
Im Jahr Elfhundertvierzig, wie ich's verzeichnet fand,
Galt Königswort noch heilig im deutschen Vaterland.

F . K l i n k m ü l l e r hat in letzter Zeit diese Ballade Chamissos
recht charakteristisch in Musik gesetzt. [52]

Albert K n a p p   ist schwungvoll wie immer auch in seinem „Ho-
henstaufen, ein Cyklus in Liedern und Gedichten 1839, Die Weiber-
treu." Darin heißt's u. a.:

> *Gedenket jener Helden, ihr Frauen Weinsbergs all;*
> *Seid froh, ihr Lob zu melden mit reiner Lippen Schall,*
> *Und haltet stets die Treue den Gatten ungeschwächt,*
> *Weil euch vor tausend andern die Gnade ging für Recht.*

Auch allerlei Dichter zweiten Rangs und noch andere haben sich des
Stoffes bemächtigt:

Heinrich G r u n h o l z e r (1819), beginnt: [53]

> *Berühmt und viel bewundert ist*
> *die altbekannte Weiberlist;*
> *Doch lobe ich mir immer neu*
> *die wohlbewährte Weibertreu. –*

A. W a g n e r (zum Gemälde [54] des Herrn v o n Z i e t h e n in der
Kunstausstellung von 1824) schließt:

> *Liebs Schwabenmädchen, von Falschheit frei,*
> *Führ mich ins Schlösschen der Weibertreu!" –*

Daniel Heinrich S c h m a l z i n g (1863) übertreibt:

> *...Und krampfhaft an ihr Mutterherz gedrückt*
> *Trug jede noch mit zärtlichem Erbarmen*
> *Zwei, drei, vier Kinder schwankend auf den Armen...*

Später sagt Schmalzing:

> *... Ein königliches Wort darf man nicht drehen*
> *Was ich erlassen habe, soll geschehen.*
> *Und meine Gnade sei mit ihnen allen!*
> *Wobei er sich gerührt die Augen rieb*
> *Um zu verwischen eine Freudenträne,*
> *So tief ergriff ihn diese Scene.*
> *Das war als man 1140 schrieb. ...*

W . K r e t s c h m e r ist aus neuerer Zeit noch zu erwähnen. Er beginnt sein Gedicht [55] mit grimmigen Worten über das Weinsberger Strassenpflaster und mit Lobsprüchen auf den „edlen Neckarwein" im „Rebstock".

V i e l e a n d e r e haben noch die treuen Weiber von Weinsberg gefeiert. Dass Kerner, Vater und Sohn, des öfteren ihre Weibertreu und jene Begebenheit mit den Frauen besungen habe, versteht sich ja von selbst.

Justinus K e r n e r :

Von mancher edlen Burg in Deutschlands Gauen
Versunken längst in Nacht die letzten Trümmer;
Auch Barbarossas Burg erblickt ihr nimmer;
Kahl steht der Berg, auf dem sie war zu schauen.

Zu Staub verweht, was Stolz und Herrschsucht bauen,
Was Treu' und Liebe bauen, dauert immer;
Seht Weinsbergs Burg! Wie glänzt mit neuem Schimmer
Dies Mal der Lieb und Treue deutscher Frauen!

Dramatische Gestalt gab der Geschichte von den treuen Weinsbergerinnen als Nachfolger des oben erwähnten Nichthonius-Beyer u.a.

Ludwig U h l a n d in seinem dramatischen Schwank „Die Weiber von Weinsberg" (1816). Leider ist derselbe Bruchstück geblieben [56]. Folgende Ansprache an die Weinsbergerinnen zeigt die Tüchtigkeit ihrer Wortführerin:

Wie ist euch nun, ihr armen Frauen?
Erholt ihr euch von Schreck und Grauen?
Ich weiß noch selbst nicht, wo ich bin,
Es ist mir aller Mut dahin.
O stellt euch um mich her im Kreise!
Versuchen wir, ob sich erweise,
Dass es die Macht der Leiden bricht,
Wenn man davon gehörig spricht!

Ja, keine weiß wie ich zu sagen
Vom Quell und Ursprung unsrer Plagen.
Wenn ich euch alles melden sollte,
Wie sich's vor meinem Blick entrollte,
Es würde dann kein Ende nehmen,
Bis unsre Männer wiederkämen,
Weshalb ich kurz mich fassen werde.
Im Anfang schuf Gott Himmel und Erde.
Und als die Erd' im Trocknen saß,
Da lies er aufgehn Kraut und Gras.
Da hing er auf am grünen Baum
Die Birn, den Apfel und die Pflaum.
Und alles war von mildem Saft,
War heilsam und von guter Kraft.
Hätt' Adam nicht sein Weib gezwungen,
Dass sie den Apfelschnitt verschlungen,
So wär' auch alles gut geblieben.
Nun aber wurden sie vertrieben
Aus dem glückselgen Paradies.
Da kam der böse Feind und blies
Auf alle Felder giftgen Samen.
Kaum murmelt er sein höllisch Amen,
So wächst ihm unterm Ziegenfuß
Im allerschönsten Überfluss
Hier Wolfsmilch, Schierling, Bilsenkraut.,
Daraus man schlimme Tränklein braut,
Und dort mit wucherndem Gewebe
Das giftigste Gewächs, die Rebe. "

„Mit Verwendung der Uhland'schen Verse und auf Grund der Schmidt'schen Rekonstruktion hat Ernst August B e n z i n g e r , Stuttgart, das von Uhland aufgegebene Werk zu vollenden gewagt" (Krauß a.v. O.). Sein „dramatischer Schwank" in zwei Aufzügen „Die Weiber von Weinsberg" ist 1904 bei Karl Rohm in Lorch erschienen.

Weitere dramatische Bearbeitungen stammen von
R . Gerber (1824), G . Th . A p e l (1857), C . V o l c k m e r
(1887), A . T a f e l und E . H a r d t e n , letztere 1886 von der
Weinsberger Lesegesellschaft aufgeführt.

Hermann S t r e i c h hat 1903 ein „Weibertreu-Festspiel" geschrieben: „Weibertreu, deutsches Spiel in zwei Handlungen." Aus Mangel an Mitteln u.a. konnte das für das Naturtheater bestimmte Spiel damals nicht aufgeführt werden. 1921 bot der Dramatische Verein Ulm im Saalbau eine Aufführung im Zusammenhang mit einem schwäbischen Trachtenfest.

Hermann E ß i g , der früh verstorbene Schwabe, hat den „Weibern von Weinsberg" ein „Lustspiel in fünf Aufzügen" (Berlin, bei Paul Cassirer 1909) gewidmet. „Sein angebliches Lustspiel", sagt R. Krauß, „ist ein grotesker Ulk, eine in Anachronismen schwelgende travestierte Posse." Trotzdem wurde es (allerdings erst 1929), im Oldenburger Landestheater aufgeführt.

Friedrich B a r t e l s hat auch den Stoff dramatisch behandelt: „Burg Weibertreu, ein deutsches Lustspiel in fünf Akten" (München 1913, bei Georg Müller).

Krauß schreibt zu Bartels Stück:

„Es ist das bühnengerechteste unter den in Betracht kommenden Stücken. Sicherer Aufbau, gute Charakteristik, muntere Gangart des frei und geschickt behandelten Blankverses. Doch schwankt der Verfasser fortgesetzt zwischen tragischer und komischen Haltung. Der Ausgang bringt pathetische Kreuzzugsbegeisterung der ausgesöhnten Staufer und Welfen."

Dramatisch-musikalische Bearbeitung erfuhr der Stoff in der Cantate
„Die Weiber von Weinsberg" von Professor Eduard Hille [57],
Text von Moritz H a r t m a n n .
Diese Cantate wurde vom Weinsberger Männerliederkranz und Kir-
chenchor unter Leitung von Mittelschullehrer Völter im Jahre 1890 in
Weinsberg und in Heilbronn zur Aufführung gebracht. Das Stück
wurde mit dankbarem Beifall aufgenommen. Es enthält u.a. frische
Soldatenchöre. Gleich zum Eingang:

Ihre Zinnen sanken,
Ihre Türme wanken,
Ihre Wälle klaffen.
Hoch des Kaisers Waffen!
Kaiser Konrads Banner wehet
Eh' die Sonne untergehet
Heute noch auf Weinsbergs Mauern
Und wir tanzen auf den Wällen,
Und dem Trotze der Rebellen
Folget der Rebellen Trauern. –

Und innige Frauenchöre:

Gnade! Gnade!
Kaiser Deutschlands, Gnade! Gnade!
Gnade unsrer guten Stadt,
unsrer guten deutschen Stadt!

Darauf der Kaiser:

Das trotz'ge Weinsberg ist gerichtet,
Sein Gnadenbrief, er ist vernichtet,
Verbrannt im Trotze der Rebellen.
Noch heute fällt der letzte Streich,
Die höchsten Giebel mach ich gleich
Der niedrigsten der Schwellen!
Die Stadt mach ich zur Wüstenei,
Am Markte wächst die Tanne frei,
In euren Prunkgemächern treibt
Unkraut und wächst Gestrüpp und Dorn,
Dass ewig dieses Weinsberg bleibt
Ein Denkmal meinem Kaiserzorn!

Darauf wieder die Frauen:

Gnade! Gnade!

Zum Schluss der Kaiser:

Ich hab's gesagt; es hat Bestand!
Ein Manneswort soll man nicht drehen!
Wohl mir, dass in dem deutschen Land
Ein Solches ist geschehen.
Unerhörtes hab ich angehört,
Ungeschautes sollt' ich schauen!
Wehe dem, der solche Liebe stört,
Wehe dem, der kränket solche Frauen!
Und freudig halte ich mein Kaiserwort,
Und meinen Eid zerbrech ich ohne Reue,
Und Weinsberg blüh' und wachse fort
Als Denkmal deutscher Frauentreue!

Gustav S c h m i d t verdanken wir die große „komisch-romantische Oper [58] „Weibertreue oder Kaiser Konrad vor Weinsberg". Dieselbe wurde zum ersten Mal am 16. Februar 1858 durch Franz L i s z t in Weimar zur Aufführung gebracht. Es folgten Mannheim, Stettin, Breslau, Frankfurt a.M., Braunschweig, Leipzig, Magdeburg, Berlin, München, Schwerin, Coburg, Mainz, Darmstadt u.a. Städte. Das vom Komponisten selbst stammende Textbuch [59] verrät eine geschickte Hand. Dr. H. M. Schletterer schreibt: „*Wie seine Sprache fließend, gewandt und edel ist, so ist es auch seine Musik.*" Die Oper beginnt mit der Hochzeit der Elsbeth, der Base des Bürgermeisters, mit einem neu aufgenommenen Bürger, Walter. Vor der Kirche zu Weinsberg singt der Chor:

Auf! rühret die Hände
Und säumet nicht lang,
Dass alles verschöne
Den frohen Empfang.

Schon tönen die Glocken;
Bald kehren zurück
Die ewig nun bindet
Ein freundlich Geschick!

Der Hochzeitszug naht. Die Bürger besprechen die Zeitlage. Da meint
der Bürgermeister Martin:

Ein altes Wort sagt, wie bekannt:
Man kann nicht zween Herren dienen.
In unserm lieben deutschen Land
Zween Herren aber jüngst erschienen:
„Hie Welf!“ ertönt der Ruf im Streite,
„Hie Waibling!“ auf der andern Seite.
Wo Zweie aber wollen schalten,
Da weiß man nicht, an wen sich halten.
Weil wir nun standen jüngst im Streite
Nicht auf der Hohenstaufen Seite,
Ist Kaiser Konrad schwer von Zorn entbrannt,
Rückt, wie man sagt, mit einem Heer ins Land.
Da kann es denn gar leicht gescheh'n,
Dass wir ihn bald vor Weinsberg seh'n.
Glaubt mir's steht schlimm in solcher Zeit
Mit des deutschen Reiches Herrlichkeit.
Und nimmer kommt es wohl zu Ehren
So lang wir noch von Zwiespalt hören,
So lange nicht ein einig Band
Umschlingt das ganze deutsche Land!

Walter verrät daraufhin seiner jungen Frau seine Herkunft: Der Kai-
ser hatte Elsbeth bei einem Turnier in Augsburg gesehen. Walter, ein
kaiserlicher Ritter sollte für ihn werben; er hat selbst die Braut heim-
geführt. Dann treten die Stadtsoldaten auf:

Wir sind die tapfre Heldenschar,
Wie keine noch im Lande war;
Wo wir von fern uns zeigen,
Die Feinde schnell entweichen.
Wir geben kein Pardon,
Sie, (wir) laufen all davon! –

Darauf kommt Kaiser Konrad selbst, als Herold verkleidet in die Stadt. Er wird seltsamer Weise zum nächtlichen Minnesänger mit seinem schnell berühmt gewordenen hübschen Ständchen: *„Liegst du schon in süßer Ruh."* Stadtsoldaten nehmen ihn in Haft. Er entschuldigt sich.

Treibe hier Astronomie!
Suche mir zwei schöne Sterne,
Die ich sah in weiter Ferne!
Doch vergess ich ihrer nie!"

Walter gibt sich ihm zu erkennen, besticht die Wächter und befreit mit Hilfe seiner jungen Frau seinen Herrn. Er hatte ihm gestanden:

Wie ihr damals mir befohlen,
Schnell, wie man nur reiten kann,
Zog ich meines Wegs von dannen
Und kam hier in Weinsberg an.
Doch wie meinem gnäd'gen Kaiser
Dort in Augsburg beim Turnier,
G'rade so ist's auch ergangen
Eurem Knecht in Weinsberg hier.
Fand ein Mägdlein reizumfangen,
Wie im Lenz die Blüten prangen,
Und, von heißer Lieb gefangen,
Stand ich wehrlos ohne Macht.
Da nicht lang ich mich besann,
Einlass mir ins Haus zu schaffen,
Legt' ich ab die Ritterwaffen,
Ward ein schlichter Handwerksmann.
Was als Ritter mir verwehret,
Ward in Lieb mir nun gewähret:
Denn am Altare in heiliger Stunde
Einten wir heut uns zum ewigen Bunde.

Dann kommt des Kaisers Zorn und Elsbeths List. Schluss: der Auszug der Frauen mit ihren Männern. Einige Junggesellen geraten in sehr große Verlegenheit, weil niemand sie mitnehmen will. Allgemeine Versöhnung und Gottfried August Bürgers Vers:

Chor:

Aus Weinsberg muss sie sein!

Eine weitere Oper „Die Weiber von Weinsberg" von K. E. C o n r a d , Text von T h . A p e l (erstmals in Leipzig aufgeführt 11. Dezember 1854), ist bis auf die Ouvertüre [60] wenig mehr bekannt.

Unvergesslich sind älteren Weinsbergern die Aufführungen des Melodramas „Die treuen Weiber von Weinsberg" durch den Urbanusverein an Weihnachten 1904. Text von Prof. Dr. M e i ß n e r , Weinsberg, Musik von Oberlehrer B u r k h a r d t , Weinsberg. In durchaus ernster und würdiger Weise, und damit im Gegensatz zu andern in neuerer Zeit aufgetauchten dramatischen Darbietungen desselben Stoffes führt uns der Dichter die Frauentat von Weinsberg vor Augen, wie sie nicht wohl anders geschehen sein konnte, während der Komponist in trefflicher Anpassung den Text in Musik gesetzt hat, so dass durch gesprochenes Wort, lebende Bilder, Lieder und Chöre ein einheitliches Ganzes von ergreifender Wirkung geschaffen ist. Etwa 120 Personen, lauter Weinsberger, wirkten mit.

Das Melodram beginnt:

Bis neue Hoffnung wieder seine Brust geschwellt.
Und bei der harten Arbeit stand ihm treu zur Seite
Sein liebes Weib, die Mühen mit ihm teilend.
Nun ist die Mühe und der Schweiß vergessen,
Nun singt und klingt es fröhlich allerorten.
Der Herbst ist da. Das Jahr ist gut. Reich ist der Lohn!
In Sonnenglanz erstrahlt auf Berges Gipfel
Die Burg mit ihren stolzen Zinnen, Türmen,
Die selbst der Ewigkeit zu trotzen scheinen.
Und von den Türmen grüßen lustig flatternd
Blauweise Fahnen in das Tal hinab. –
Im Erker, der umrankt von dichtem Efeu,
Den Blick auf Weinsbergs Tal weithin gestattet,
Steht an dem Fenster heitern Blicks des Schlosses Burgfrau.
Sie lauscht dem Herbstgesange, der zum Schloss heraufdringt,
Und achtet auf der frohen Winzers frohes Treiben. –
Auch drunten in dem Städtchen an des Berges Fuße,
Da ist ein viel geschäftig buntes Leben:
Hier kommen Wagen, schwer mit Rebensaft beladen.
Ihr Nahen kündet helles Glockenleuten an.
Dort wird gekeltert, und die großen Bütten,
Die längs der Straßen stehen, füllen sich, o Freude!
Gar bald mit Rebenblut. Wie wird gescherzt, gelacht!
's ist so, als ob der Sonnenschein des Jahres,
Der Tag um Tag sich in die Trauben senkte,
Und fest gebannt im Feuerweine schlummert,
Die Winzerherzen plötzlich hat durchflutet.
Und dieser Sonnenschein löst frohes Leben aus,
Er lässt den Mund so herzlich fröhlich lachen;
Aus allen Augen leuchtet helle Freude auf:
s'ist Frühlingssonnenschein, wenngleich der Winter naht ... "

Ob dieses hübsche Melodram, oder vielleicht doch lieber ein dramatisches Stück, zu dem von so vielen Seiten längst gewünschten Weinsberger Heimatspiel sich eignet, muss die nächste Zukunft lehren. Eine ganze Reihe von schwäbischen Städten sind auf diesem Gebiet der Heimatpflege in den letzten Jahren mit gutem und dankeswertem Vorbild vorangegangen. Für ein Heimatspiel im Freien sind gerade in

Weinsberg wie kaum in einer anderen Stadt des Landes die meisten
Voraussetzungen vorhanden: Hervorragende, hochdramatische ge-
schichtliche Erinnerung, zur Mitwirkung geeignete Kräfte und ein
hübscher Fest- und Schauplatz.

Dr. E. D i n k e l hat in neuester Zeit ein unseres Erachtens recht
wirkungsvolles Festspiel für die Freilichtbühne geschrieben, in edler
Sprache und bewegter Handlung: „Die Weiber von Weinsberg, ein
Schauspiel in 5 Aufzügen". Wie so manche andere beginnt auch er
mit einer Herbstfeier und einem Winzerchor. Das Fest wird gestört
durch einen Herold, der im Namen des Königs Konrad die Öffnung
der durchaus welfisch gesinnten Stadt fordert. Die wagemutige Ju-
gend will nichts davon wissen, sie ist für den Angriff:

> *Die flinke Tat schlägt tausend lahme Sorgen;*
> *Ein rascher Reiter wirft ein ganzes Heer!*

Wolfram, der Bürgermeister, warnt:

> *Nenn die Vorsicht nicht feig und die Vernunft nicht matt!*
> *Der Mut der Jugend ist Angriff, und das ist gut so,*
> *und wir wollen's nicht ändern.*
> *Aber der Mut des Alters ist Festigkeit, ihr sollt sie ehren.*

Auch Herzog Welf kündigt seine Nähe an. Mit seinen treuen Weins-
bergern zieht er gegen den König. Unter dem Ruf:

> *„Hie Welf!" – „Hie Waibling!"*

kommt's zur Schlacht. Welf und seine Weinsberger werden bei Ell-
hofen geschlagen. Zum Teil in Weiberkleidern entrinnen sie auf die
Burg. Zwei werden abgefangen, der Betrug kommt an den Tag. Aber
hören wir:

> *... Der König bewundert euren Mut und ehrt die Liebe, die ihr*
> *hegt. Er spricht euch frei, und um der Treue willen, die ihr beiden*
> *den Liebsten bis zum bittern Rand des Tods gehalten, sei den*
> *Frauen dieser Stadt besondre Gunst gewährt: Was jede nur ver-*
> *mag auf ihrem Rücken fortzutragen, Geld oder Gut, und was sie*
> *sonst als Liebstes zu hegen wünscht, soll wie sie selber frei und*
> *ungehindert durch die Tore ziehen. Dies ist mein königliches*
> *Wort!*

Dann geschieht das Unerhörte: Sie haben ihre Männer mit der letzten verzweiflungsvollen Kraft auf ihren Rücken genommen. Sie flehen:

Gewährt uns, könnt ihr uns nicht vergeben,
mit den Geliebten in den Tod zu gehen!

Konrad schwankt. Doch endlich entscheidet er sich:

Ich gab mein Königswort.
Ein Königswort soll man nicht drehn und deuteln.
Klar wie die Sonne leuchtet es dem Guten
Und Bösen, dem Gebrechlichen und Starken.
Nichts in der Welt besteht als Treue, die
Wir uns und andern halten. Sie allein
Hält wie der Mörtel den gewaltgen Bau,
Der Welt zusammen: Treue gegen Treue! –

Versöhnlich endigt das Spiel. Zum Schluss reicht der Bürgermeister der Stadt dem Kaiser den Pokal:

Wir Bürger von Weinsberg entbieten Euch diesen Becher Weins
zum sichtbaren Zeichen unseres innigsten Dankes für Eure große
Gnade als das Beste, was wir in unsern Mauern bewahren. ...

In seinem trefflichen, Th. Kerner gewidmeten Roman [61] „Die Geschwister von Neuffen", behandelt A . K l e e d e h n , in ihrem gleichfalls reizvollen Roman „Uraltes Lied", Leontine von Winterfeld-Platen [62], eingehend und spannend die Geschichte jenes Kampfes zwischen Welfen und Waiblingern um Burg und Stadt Weinsberg.

EINE „WALHALLA" DER DEUTSCHEN FRAUEN?

Justinus K e r n e r hat im Jahre 1824 veranlasst, den „Weinsberger Frauenverein" [63] zu gründen, der mehrfach besungen wurde, zum Beispiel von S c h l o t t e r b e c k [64]. Es tauchte der Gedanke auf, aus der Weibertreu eine Art Walhalla der deutschen Frauen zu machen [65]. Er wäre gewiss einer Wiederaufnahme wert.

K ö n i g L u d w i g I. v o n B a y e r n schreibt darüber am 19. Juni 1835 an Justinus Kerner [66] u. a. :

Es ist ein schöner Gedanke, bei Weinsberg den rühmlichst ausge-zeichneten deutschen Frauen eine Ehrenhalle zu bauen; keinen dafür geeigneteren Ort gibt es.

Justinus K e r n e r selbst stand dem, besonders von H e i d e l o f f feurig vertretenen „Luftschloss-Gedanken" ab-wartend gegenüber; er befürchtete eine Entstellung der Ruine. In einem Briefe an Julie Hartmann [67] sagt er u.a. :

Die Frauen, die am trefflichsten gewirkt und getragen, wirkten in der Stille, so dass ihre Bilder und Namen unbekannt sind. So wirkten Sie und mein Rickele und Eure Ruhmeshallen sind die Herzen Eurer Lieben.

Auch die R i n g e v o n d e r W e i b e r t r e u [68] haben begeis-terte Abnehmer und Sänger gefunden: J. Kerner und N. Gerber [69]. Der neu vermählten Kronprinzessin Olga von Württemberg wurde einer feierlichst überreicht (1846): Manches Loblied zu Ehren der württembergischen Frauen ist damals entstanden. So singt C h . F . H a u g in seinem

„Rundgesang für Württemberger":

Traun, jeder Württembergerin,
Bin ich von Herzen gut!
Stets ist sie ihrem Manne treu,
Ist immer heiter, immer neu,
Und hat auch Geist und Mut.
Wem fällt hier nicht ein edler Zug
Von „Weibertreue" ein?

Ludwig U h l a n d s „Württemberg" steht schon im Schul-Lesebuch. Da lautet der 7. Vers:

Und wer von uns hätte nicht schon Fr. R i t t e r s „Württemberger Lied" gesungen nach der frischen Melodie von L i n d p a i n t n e r : „Von dir, o Vaterland, zu singen!"

DIE DEUTSCH-AMERIKANISCHE FREUNDSCHAFT

Das wissen auch unsere Landsleute in der weiten Welt zu schätzen. Zu den treuesten Freunden Weinsbergs, seiner Weibertreu und seines Kernerhauses, gehören die Schwaben und die schwäbischen Frauenvereine in Amerika, der von Chikago an ihrer Spitze. Auf den Notruf des Weinsberger Frauenvereins, der sich die Erhaltung der Weibertreu zur Aufgabe gemacht hat, kam vor allem auch in den Notjahren nach dem Krieg von jenseits des Meeres ein klingendes Echo besonderer Art um das andere. Der Schriftführer des Chikagoer Schwabenvereines, Julius S c h m i d t , begleitete einen ansehnlichen Beitrag mit der Bemerkung

Das ist deutsch-amerikanische Poesie der besten Art. Ein andermal
schrieb er u. a. :

> *Sie sehen, auch wenn es uns gar mächtig in die Ferne hinausge-*
> *trieben hat, so vergaßen wir weder Ihres herrlichen Justinus noch*
> *der Weinsberger Frauen von früher und heute, sondern illustrie-*
> *ren unsere Festzeitung mit ihren Bildern und senden Ihnen den*
> *Goldvogelgruß. Einige Jahre zurück baten mich die schwäbi-*
> *schen Frauenvereinsmitglieder um einige begleitende Worte in*
> *ähnlichem Falle, und ich habe ihnen damals glücklichen Herzens*
> *unsre Gesinnungen zum Vaterland und allen schönen und idealen*
> *Seiten desselben schreiben dürfen, worauf Ihr ehrwürdiger Herr*
> *Theobald so herrliche Worte zurücksandte. Umso froher bin ich*
> *heute, Ihnen diesen neuen Beweis unserer Anhänglichkeit mittei-*
> *len zu können und Sie, wenn auch nicht gerade im Namen, aber*
> *doch aus dem Herzen vieler Schwaben versichern zu dürfen, wie*
> *wir „den Stiel von damals umgekehrt" haben und als glückliche*
> *Ehemänner diejenigen auf den Armen tragen, die wie Ihre Ahn-*
> *frauen uns dazu das Beispiel gegeben haben. Ja, auf die Schwä-*
> *binnen lasse ich nichts kommen, so viel Gemüt und Hausfrauen-*
> *kunst und Liebenswürdigkeit und Mutterliebe kann ich mir in kei-*
> *nem andern Volksstamm denken, und rechne ich dazu noch den*
> *Mut, so wie die Chronik von Weinsberg es beschreibt, dann müs-*
> *sen Sie mich entschuldigen, wenn ich jede Schwäbin küssen*
> *möchte!*
>
> *Ihr Städtchen enthält außer der kostbaren Burg das Grab ei-*
> *ner Frau, so lieblich und hehr, dass mir das Herz aufgeht vor in-*
> *niger Freude, wenn ich vom „Rickele" lese, der aufmerksamen,*
> *jeden Wunsch ihrem Justinus aus den Augen lesenden Schwäbin.*
>
> *Mögen die übersandten Dollars also die Burg helfen festigen,*
> *die uns Männern als beherzigendes Denkmal treuer Frauenliebe*
> *vorschweben soll, nicht als geschichtliches Denkmal allein, son-*
> *dern als Fingerzeig für alle Zeiten. Denn was die Schwäbinnen*
> *Jahrhunderte zurück getan, das tun sie sicher auch heute noch,*
> *dafür kennt sie zu gut Ihr, eine Schwäbin von echtem Schrot und*
> *Korn sein eigen nennender, bestens grüßender*
>
> *Julius Schmidt, Sekretär."*

In neuester Zeit ruft ein Weinsberger Dichter im deutschen Vaterland und dem landwirtschaftlichen Frauenverein seiner Vaterstadt zu:

... Seid einig nur als Nation,
Stellt Treu und Tugend auf den Thron,
So bricht dein neuer Morgen an.
Und du bliebst Sieger auf dem Plan!
Dass Friede kehre, Glück und Ruh –
Ihr Frauen Weinsbergs, helft dazu! –

Auch im Hinblick auf die Freundinnen Weinsbergs und seiner Weibertreu jenseits der schwarz-roten Grenzpfähle und bis hinüber übers Meer, wo Liebe auch das fernste Land zur Heimat macht und doch Treue die alte Heimat nicht vergessen lässt, soll Ottmar Schönhut auch heute noch Recht behalten:

Es blinkt der Treue Schimmer
Nicht nur von Weinsbergs Höh'n,
Wo noch die alten Trümmer
Der Weibertreue steh'n.

Nicht an der Burgen Reste
Ist Treue nur gebannt,
Sie steht im Herzen feste
Bei Frau'n vom deutschen Land! –

Ernst, Edler v o n d e r P l a n i t z --- Noch möchte ich auf eine Dichtung aus neuerer Zeit aufmerksam machen, welche in fast klassischer Weise das Andenken an Weinsberg und seine treuen Frauen feiert. Es ist das Epos „Die Weiber von Weinsberg, ein Sang von Weiberlist und Weibertreu" von E. Planitz, illustriert von E. Klingebeil [70]. Planitz gehört zu den trefflichsten Dichter unserer Tage. Mit köstlichem Humor, mit historischer Treue und in hinreisender Sprache schildert er jene alte Zeit und das alte Weinsberg. Es fehlt mir der Raum, ausführlicher zu erzählen, wie da fahrende Ritter und Scholaren, Bürger und Bauern, Kriegshelden und Pantoffelhelden, Christen und Juden, besonders aber Frauen und Mädchen aller Art, auftreten; wie Peter, der Haupheld des Buches, ein Weinsberger Kind, seine Eltern sucht und findet. Das Siegesfest in Weinsberg, die Schlacht bei

Ellhofen, das Regiment der Frauen in der Stadt und die Rettung der
Männer aus Feindeshand durch der Frauen Opfermut und Treue, sind
anschaulich, unterhaltend, belehrend, spannend von der ersten bis zur
letzten Zeile. Besonders wertvoll die eingestreuten Lieder.

Bild 11

Oskar M ö r i k e hat die meisten der Lieder von Planitz vortrefflich
in Musik gesetzt [71]. Eines der Lieder fauf Weinsberg beginnt ganz im
Stil jener alten Zeit:

Winsberg metropolis   Vina fortissima.
Urbs amenissima,   Per Dulzor, juhe!, Herr Wirt,
Quae Bacchum recolis,   Tragent her nu win!
Baccho gratissima   Vrölich suln wie bi dem sin! –
Da tuis incolis

Und bei einem andern Lied lautet der Schluss:

Drum hab ich mich ergeben
Dir, Stadt am Rebenhang,
Dir, Stadt voll Lust und Leben,
Voll Anmut und Gesang!"

Noch eine kurze Probe aus dem Epos: „Es ist Winterszeit", der Kaiser schickt sich zum Sturm an. Die Weiber mögen sich mit ihren Kostbarkeiten entfernen:

„... Blast zum zweitenmale, Herold!"
Und er blies, doch blies vergebens.
„Nun, so blast zum drittenmale
und dann Sturm! Die Weiber dauern
Mich, dass sie von meiner Gnade
Nicht Gebrauch zu machen wissen.

Was in Stadt und Burg sich findet,
Wird getötet, wie geschworen!"

Und es blies zum drittenmale
Der Hornist; doch eh er seine
Kriegstrompete nahm vom Munde,
Ging hoch oben auf dem Berge
Rasselnd eine Brücke nieder,
Und ein Wallturm breitete die
Mächt'gen Flügel seines Tores
Wie die Hände eines Riesen
Zum Gebete auseinander.
Eine Maid in schwarzem Kleide
Trat heraus, ein goldnes Banner
(Kaiser Konrads eignes Banner)

Hielt sie hoch mit beiden Händen.
Ungezählte Kinderscharen
Folgten ihr in langer Reihe,
Grüne Tannenbäumchen tragend,
Und weithin im Morgengrauen
Glühten dran viel hundert Lichtlein.
Hell erklang der Sang der Kinder,
Hell drang's bis zu König Konrad:

Kennt ihr die Botschaft,
O kennt ihr die Liebe,
Die uns der Herr einst von oben gesandt?
O dass sie ewig
Den Irdischen bliebe,
Schlänge ums Herz sich als göttliches Band!
„Friede den Menschen.
Und Friede auf Erden!"
Sterne verzittern so weit, ach so weit!
Betende Hirten
Und rastende Herden –
Selige, selige, heilige Zeit!

Gott und die Liebe
Am heimischen Herde
Bannen und heilen das irdische Leid.
Friede durchschauert
Den Himmel, die Erde;
Friede des Herrn sei auch unser Geleit!" –

Zuletzt die Frauen mit ihren Männern auf dem Rücken:

Langsam kam der Zug den steilen
Bergpfad nach dem Tal herunter.
Purpurrot stieg fern im Osten
Aus dem Nebelgrau die Sonne.
Einer Burg in Feuer lohend
Glich das Schloss im Morgenlichte
Wie in Weissglut strahlten funkelnd
Wald und Hag, und golden blitzten
Helme, Panzer, Ketten, Sterne
Um den König tief im Grunde,
Dem der Zug sich langsam nahte.

Manche Jungfrau dachte zitternd:
„Wenn sie ihn mir nur nicht töten,
Denn's ist doch ein lieber Spitzbub."
Manche Alte dachte seufzend:
„Ob er mich wohl auch so trüge?"
Mancher Dicken stand der Angstschweiß
Auf der Stirn, und leise fleht sie:
„Heil'ger Kilian, helf uns beiden.
's ist der Lümmel zwar zur Hälfte
Wohl nur wert, dass ich ihn schleppe,
Doch die eine Hälfte hab ich,
Und die andre kannst mir schenken."
Manche Mag're lispelt stöhnend:
„So ein Hauskreuz, so ein Racker!
Morgen, wenn die Angst vorüber,
Prügelt er mich doch zum Danke;
Doch, er soll sich nur getrauen!
Gleich lauf ich zum Herrn von König
Und schwör ihm auf die Reliquien,
Dass ich ihn nur aus versehen
Mit der Hauskatz' hab verwechselt."
Also dachte jedes Weibchen
Seinen Teil. Doch alle dachten:
„Wenn's nur glücklich schon vorüber!"

Peter, der dem Kaiser als Mann der Männertreue in der Schlacht das Leben gerettet hat [72] , wird von diesem unter dem Tor der Burg zum Ritter geschlagen und erhält seine geliebte Uta von Weinsberg zur Frau. Der Kaiser schließt:

Soll mir einer meine Franken,
Soll mir einer ihre Weiber,
Soll mir einer sie verketzern!
Eine Wallfahrt muss er barfuß
Mir sofort gen Weinsberg machen,
Und an jedem Stein des Schlosses
Muss er um Verzeihung bitten.
Ihr, Frau Gräfin, aber sollt mir
Weiter hier als Hausfrau schalten,
Wo euch lieb ein jeder Winkel,

Und wo keine bess're Wirtin
Und auch keine schön're denk ich,
Je mein Lehen hielt in Ehren.
Keinen Dank, mein lieber Ritter;
Denn ich tilge hier nur Schulden,
Zahle nichts als deutsche Treue,
Zahl die Treue zu dem König,
Zahl die Treue eurer Herzen.
Und so ihr auf Stadt und Berge
Blickt hinaus, denkt dieser Worte,
Denkt an Euren König Konrad!
Doch an jedem Jahrstag, Ritter,
Wenn die Weihnachtsglocken läuten,
Sollst du mir mit deinem Weibe
So wie heut durchs Burgtor schreiten.
Und du selbst sollst sie dann tragen
Als dein Kleinod auf den Armen
Und wenn eure Herzen schlagen
Hier in innigem Umarmen,
Sollt ihr euch zu gutem Reste
Küssen unterm Tor aufs neue;
Des' zum Zeichen nenn die Feste
Künftig sich die „Weibertreue"!

Ein Wort zum Schluss. Wir besinnen uns heutzutage wieder auf unsre Ideale. Eines der schönsten verkörpert sich in der Weinsberger Weibertreue. Mögen die Bürger und Bewohner, die Freunde und Gäste von Weinsberg neben der treuen und fleißigen Arbeit im Berufe die großen Erinnerungen ihrer Stadt und das Kleinod ihrer Weibertreu hüten und schätzen. Es möge noch viel und Schönes in und über Weinsberg gesungen und gesagt werden! Vielleicht – ich habe es schon angedeutet – kommt es auch hier noch einmal zu einem Heimatspiel, wie an anderen Orten. Weinsberg hat eine hochinteressante Vergangenheit. Möge die Zukunft der „gepries'nen Stadt" nur Gutes bringen!

Anmerkungen

1   s. auch „Weinsberg, Weibertreu und Kernerhaus", herausgegeben vom Justinus-Kerner Verein unter Mitwirkung von K. Burkhardt, K. Weller, H. Meißner, Erwin Hildt und Dr. R. Meißner, Weinsberg 1906.

2   Lied vom Herausgeber eingefügt, der Einfachheit halber in C-Dur notiert, sollte aber tiefer gesungen werden. Bild: Laute auf dem Notenblatt mit ersten Takten in 3 Stimmen dieses Kernerliedes. (Buntes Glasfenster im Roigelhaus Tübingen).

3   Oder war's der von Uhland erwähnte Ritter und Minnesänger Konrad von Weinsberg?

4   Geboren zu Sülzbach 1416, gestorben ebenda 1474:
genannt „poeta weinsbergensis"

5   Ph. Wackernagel, Das deutsche Kirchenlied II, Seite 684.

6   Neu herausgegeben von G. Kohler, Weinsberg 1876

7   s. Justinus Kerner, Gesamtwerke in 4 Bänden, herausgegeben vom Justinus Kerner-Verein Weinsberg. („Weinsberger Kerner-Bücher".) Viele von Kerners Liedern hat Friedrich Silcher vertont.

8   Melodie: Volksweise (S. 6) und von Robert Schumann

9   Vertont von Luise A. Le Beau (für Alt, Violine und Piano) C. F. Kahnt, Leipzig.

10   Theobald Kerner Gedichte, neue Ausgabe, Berlin 1902

11   Komponiert für Männerchor, Verlag von Zumsteg, Stuttgart.

13   Manche auch in der von Justinus Kerner 1838/39 herausgegebenen, Manuskript gebliebenen „Zeitung von der Weibertreu" (Mitteilung von Dr. Ernst Müller, Tübingen). Vergl. Auch die hübschen Schilderungen aus dem alten Weinsberg in: Ph. Spieß „Der Steinmetz von St. Kilian" (Heilbronn 1901). Ein alter Kupferstich zum Andenken an eine auf dem Weißenhof verstorbene fürstliche Witwe enthält den Vers:

Ich geh ein zu Salems Pracht;
Weißenhof , hab' gute Nacht!

Es sei auch an den Vers auf dem Gemälde in der Kirche in Weinsberg erinnert, auf welchem die Kundschafter mit der Kalebstraube dargestellt sind (s. Ill. Beschreibung von Weinsberg. Verlag von G. Kohler):

Ein Paar den großen Trauben trägt,
Der vorn geht, trägt und sieht ihn nit.
Der nachfolgt, trägt und sieht ihn mit,
Dies Alt und Neuen Bund auslegt:
Messias kommt von Isaaks G'schlecht,
Den g'neußt der Heyd und sieht ihn recht.

14   Justinus Kerner. „Die Seherin von Prevorst" Stuttgart bei J.G. Cotta. F. Kretschmar „Die Seherin von Prevorst und die Botschaft Justinus Kerners" Weinsberg 1929.

15   s. u. a. auch A. Köstlins Verse auf dem Kernerdenkmal und Theobald Kerner „Das Kernerhaus und seine Gäste - Justinus Kerners Briefwechsel" (2 Bände 1897) und E. v. Niendorf „Reiseszenen" 1840 (S. 221 ff. Billegiatur in Weinsberg.).

16   Nach J. Kerners Dichtung: „Die Reiseschatten". G. Pfizer „Gedichte" S. 119

17   R. Öchsler „Was der Neckar rauscht", Heilbronn, O. Weber S. 39

18   Theater-Verlag Martin Böhm, Berlin-Schöneberg

19   „Briefwechsel zwischen Justinus Kerner und Ottilie Wildermuth" hsg. von Adelheid Wildermuth. Eugen Salzer, Heilbronn 1927. Wer das Leben im Weinsberger Kernerhaus aus der Nähe kennen lernen will, dem empfehle ich neben Theobalds humorvollem „Das Kernerhaus und seine Gäste" dieses köstliche Buch ganz angelegentlichst.

20 „Das Kernerfest in Weinsberg". G. Kohler, Weinsberg 1886

21 Theobald Kerner „Ein steinernes Album, Namen und Inschriften auf der Burg Weiber-
treu", Verlag J. Determann, Heilbronn

22 Neben den schon erwähnten Dichtern und Sängern huldigten Weinsberg, seiner Weiber-
treu und seinem Kernerhaus ungezählte andere: z.B. Julius Sturm, Robert Öchsler, Fr.
Krauß, Ernst Meyding, Carl Doll, Dr. Georg Kerner (Justinus Kerners Enkel), Paul Dörr ,
Otto Günder, W. Chodowiecki, A.A. Müller, Fr. Hummel (Chikago), J. Gfrörer, F.K. Ferber
(Betschau), K. Steinbrenner, H. Vierordt, Christian Wagner (Warmbronn), Frida Kächele
(Weinsberg), Hans Freimark (in „Deutscher Hausschatz"), H. Eulenberg (im Berliner
Tagblatt), Leo Weidel (in Quellwasser), Dr. E. K. Fischer (Justinus Kerner und das Volks-
lied, Jahresbericht des Justinus Kerner-Vereins 1916), Luise Meißner (Weinsberg, „Frie-
derike Kerner und ihr Justinus", J.B. 1927), A.Geyer, Heilbronn, („Gustav Schwab und
Justinus Kerner" im J. B 1926, H. Gramer („Justinus Kerner, der Romantiker" J.B. 1928)
 Auch an das poesievolle Buch von Kerners Tochter, Marie Niethammer, „Justinus Ker-
ners Jugendliebe und mein Vaterhaus" (Cotta, Stuttgart, 1877), darf erinnert werden. E-
benso an Tony Schumacher „Aus frühester Jugendzeit" (Quell-Verlag, Stuttgart 1928).).
Ganz besonders sei auf das Buch von Franz Pocci hingewiesen „Justinus Kerner und
sein Münchener Freundeskreis" (Insel-Verlag, Leipzig 1928, 399 S. 9 Mk.). Eine hochin-
teressante Sammlung von B riefen. Ein prächtiges Geschenk für alle Kernerfreunde.

23 Verlag von F. Hofmeister, Leipzig. S. den Brief Justinus Kerners Briefwechsel II.
S. 517

24 S. Dillenius (Anhang) und Steiff, Geschichtliche Lieder aus Württemberg.

25 Besigheim

26 Groß- und Klein-Ingersheim

27 Großgartach

28 Verlag von W. Kohlhammer, Stuttgart 1901 (s. auch: S. 78 ff 222, 225, 240, 249)

29 Nach der Originalmelodie bei v. Liliencron für Gesang mit Klavierbegleitung
gesetzt von Th. Aichelin-Hölzern

30 Klavierbegleitung gesetzt von Th. Aichelin-Hölzern

31 J. G. Cotta, Stuttgart

32 J. F. Steinkopf, Stuttgart. -
Vergleiche auch die Schilderung in Ph. Spieß „Steinmetz von St. Kilian".

33 E. Ungleich, Leipzig

34 O. Weber, Heilbronn

35 Bildliche Darstellung u. a. von Otto Knille (im Kernerhaus).

36 Verlag von S. Fischer, Berlin

37 C. Jacobsen, Leipzig; s. auch L. Ganghofer „Das neue Wesen" (Gartenlaube
1901)

38 Bei A. Ahn, Köln und Leipzig

39 Dr. Karl Weller „Die Weiber von Weinsberg" - Kohlhammer, Stuttgart 1903

40 L. Bernheim „Die Sage von den treuen Weibern zu Weinsberg"

41 Rob. Holtzmann „Die Weiber von Weinsberg" - Württb. Vierteljahreshefte 1911
s. auch Dr. L. Rieß, Preußische Jahrbücher 1912. Hist. Taschenbuch 1884

42 Dr. L. Rieß, Preußische Jahrbücher 1912.

43 Corp. Reformatorum Tom. XI. P. 466

44 Ebenso Meibom in "Guelphus redivivus" (1614) in Hexametern

45 Peter Nichthorn; K. Bibliothek Berlin

46 „comödieweis zu agieren"

47 Ebenso bei Hauff „Ehrendenkmal" S. 256 ff.

48 Bes. Beilage des Staatsanzeiger f. Württ. 1921 Nr. 7

49 Justinus Kerner gab eine Auswahl seiner Lieder heraus,
s. auch Kerners Gedicht „An S. v. B."

50 v. Erlach „Deutsche Volkslieder" S. 391

51 S. Dillenius, Anhang, und K. Jäger „Die Burg Weinsberg" (1824)

52 Für Tenor und Piano, Verlag von F. G. Striese, Königsberg

53 Melodie: Volksweise (cf. J. Heim „Dreistimmige Volksgesänge für Knaben und
Mädchen" Zürich 1883, S. 276)

54 Bildlich sind die Weiber von Weinsberg u. a. dargestellt auf dem Ölgemälde in
der Kirche (1639) und einem andern auf dem Rathaus in Weinsberg, weiter auf
einem alten Stahlstich von 1640, im Besitz des Justinus Kerner-Vereins. Vor al-
lem aber auf dem Gemälde von A. Bruckmann im Museum der bildenden Küns-
te in Stuttgart. Eine hübsche Darstellung stammt von Moritz von Schwind (in
Meinholds Bildern zur deutschen Geschichte, Preis 1 Mk.); eine weitere von ei-
nem ungenannten Künstler auf einem großen Werbe-Plakat der Hohenloher
Nährmittel-Fabriken. S. auch das Umschlagbild von Theodor Lauxmann.

55 Unterhaltungsblatt der Heilbronner Neckarzeitung

56 Abgedruckt in A. v. Keller „Uhland als Dramatiker" (J. G. Cotta, Stuttgart 1877)
S. 359 ff. – s. auch Erich Schmidt „Ludwig Uhlands Bruchstück – Die Weiber
von Weinsberg" (Berlin 1902), R. Krauß (a.a.O.), Dolte, Montanus

57 Verlag von A. Nagel, Hannover

58 Verlag von Breitkopf und Härtel, Leipzig. Klavierauszug und einzelne Num-
mern (bes. das „Trinklied", „Hochzeitslied", „Ständchen" und „Ein altes Wort"
usw.

59 Text im Besitz des Ökolampadiusvereins Weinsberg. S. auch den Brief des
Komponisten in Justinus Kerners Briefwechsel II. S. 502

60 Verlag von L. Örtel, Hannover

61 Verlag von A. Hardt, Dessau 1899

62 Verlag F. Bahn, Schwerin 1921. Beide Bücher als Geschenk sehr zu empfehlen

63 Eigentümer der Burg Weibertreu

64 Gedichte 1825

65 Ein Plan dazu wurde schon 1856 von Christian Hildt, Weinsberg, entworfen.

66 Justinus Kerner Briefwechsel II. S. 448

67 Justinus Kerner Briefwechsel II. S. 449

68 In Gold gefasste Steinchen aus dem Burggemäuer. Zu haben auf der Burg.

69 Steinernes Album S. 18

70 Verlag A. Piehler u. Co. , Berlin-Kaulsdorf, 400 S. in hübschem Geschenkband,
8 Mk.

71 „Wanderers Nachtgebet", „Weihnachtslied", „Minnelied", „Mein Mutterle",
„Weinlied", „Totentanzlied" mit Dudelsackbegleitung, „Vagantenorden", das
große „W" u.a. (A. Piehler, Berlin à 50 Pfg.)

72 Wie jener Hartmann von Siebeneich bei Weinsberg, der 1167 dem Kaiser Rotbart
in Italien das Leben rettete.

INDEX

Anmerkung des Herausgebers: Der Text ist vom Original ganz übernommen und nur an einigen Stellen der Übersicht halber leicht umgestellt. Fast alle Fußnoten sind jetzt Endnoten, wenn sie nicht in den Text eingebunden wurden. Hinzugefügt sind: Zwischenüberschriften, Inhaltsorientierung, Index, das Lied auf S. 6, die Bilder auf S. 38 und 44 und die Seite 76 über den Autor. Ich hielt es für vernünftig, „ß" nach kurzem Vokal durch „ss" zu ersetzen, wohl wissend, dass man hier – besonders bei alten Texten - anderer Meinung sein kann.

Tübingen im November 2005
Hans Richard Lauxmann

Über den Autor:

Richard Lauxmann, 1864-1939, war Pfarrer in Neulautern im damaligen Oberamt Weinsberg bis 1904, danach in Zuffenhausen (heute zu Stuttgart) bis 1929.

Hier steht er mit seiner Frau Luise geb. Küderli, vor dem „steinernen Album" auf der Weibertreu, in das früher sein Name eingetragen war (oben Mitte).

Seine Frau war auch Dichterin und hat neben Gedichten viele Dramen für die Jugendarbeit in den Kirchengemeinden geschrieben.

Bekannt wurde er auch durch unterschiedliche heimatkundliche Forschungen und Veröffentlichungen, so zum Beispiel über die vergeblichen Versuche, in Württemberg nach Bodenschätzen zu schürfen (Löwenstein). In der Ahnenforschung hat er nachgewiesen, wie viele Württemberger von Konrad Vaut, dem 1516 durch Herzog Ulrich hingerichteten Vogt von Cannstatt, abstammen. Seine besondere Liebe aber galt Weinsberg mit der Weibertreu und vor allem Justinus Kerner, wie das vorliegende Büchlein zeigt